北大版长期进修汉语教程

中级汉语阅读教程 Ⅱ

第二版

周小兵　总主编
徐霄鹰　周小兵　编　著

图书在版编目(CIP)数据

中级汉语阅读教程Ⅱ(第二版)/徐霄鹰,周小兵编著.—北京:北京大学出版社,2009.11
(北大版长期进修汉语教程)
ISBN 978-7-301-16008-4

Ⅰ.中… Ⅱ.①徐…②周… Ⅲ.汉语－汉语阅读－对外汉语教学－教材 Ⅳ.H195.4

中国版本图书馆 CIP 数据核字(2009)第 187711 号

书　　　名：	中级汉语阅读教程Ⅱ(第二版)
著作责任者：	徐霄鹰　周小兵　编著
责 任 编 辑：	吕幼筠
封 面 设 计：	毛　淳
标 准 书 号：	ISBN 978-7-301-16008-4/H・2351
出 版 发 行：	北京大学出版社
地　　　址：	北京市海淀区成府路 205 号　100871
网　　　址：	http://www.pup.cn
电　　　话：	邮购部 62752015　发行部 62750672　编辑部 62752028　出版部 62754962
电 子 邮 箱：	lvyoujun99@yahoo.com.cn
印　刷　者：	北京飞达印刷有限责任公司
	787 毫米×1092 毫米　16 开本　16 印张　400 千字
	2009 年 11 月第 1 版　2020 年 1 月第 7 次印刷
定　　　价：	48.00 元

未经许可,不得以任何方式复制或抄袭本书之部分或全部内容。
版权所有,侵权必究　举报电话：010－62752024
　　　　　　　　　　　电子邮箱：fd@pup.pku.edu.cn

目 录

编写说明 / 1

第三十一课 / 1
一、技能　抓主要观点之一:抓主词(主词组) / 1
二、阅读训练　阅读1　食谱目录 / 3
　　　　　　　阅读2　雪糕的历史 / 4
　　　　　　　阅读3　白羊肚手巾 / 5
　　　　　　　阅读4　我祝福你 / 6
　　　　　　　阅读5　小偷"学校" / 7

第三十二课 / 8
一、技能　抓主要观点之二:抓主句 / 8
二、阅读训练　阅读1　奇特的理发店 / 10
　　　　　　　阅读2　失踪的部队 / 11
　　　　　　　阅读3　美丽的老师 / 13
　　　　　　　阅读4　迟到的秘密 / 14

第三十三课 / 16
一、技能　抓主要观点之三:归纳主要观点 / 16
二、阅读训练　阅读1　家务活不轻松 / 17
　　　　　　　阅读2　一句话和一个动作 / 19
　　　　　　　阅读3　明式家具 / 20
　　　　　　　阅读4　情感智商:EQ / 22

第三十四课 / 23
一、技能　抓主要观点之四:避免相关观点的干扰 / 23
二、阅读训练　阅读1　电话收费单 / 25
　　　　　　　阅读2　有趣的"新闻" / 26
　　　　　　　阅读3　父亲给女儿的一封信 / 28

第三十五课 / 31
一、技能　抓主要观点之五:文章结构 / 31
二、阅读训练　阅读1　差不多先生的故事 / 33
　　　　　　　阅读2　中国是世界上交通最方便的国家之一 / 34

　　　　　　　阅读3　幽默二则 / 36
　　　　　　　阅读4　最早的中国地图 / 37

第三十六课 / 39
　　一、技能　抓标志词之一：标志词 / 39
　　二、阅读训练　阅读1　早期的南京路 / 41
　　　　　　　阅读2　木刻楞房子 / 43
　　　　　　　阅读3　青少年网络成瘾问题 / 44
　　　　　　　阅读4　粤语 / 46

第三十七课 / 47
　　一、技能　抓标志词之二：重复和补充 / 47
　　二、阅读训练　阅读1　菲律宾人给中国人的外号 / 50
　　　　　　　阅读2　我的继父 / 51
　　　　　　　阅读3　锻炼眼睛 / 53
　　　　　　　阅读4　握住自己的命运 / 54

第三十八课 / 56
　　一、技能　抓标志词之三：顺序与分类 / 56
　　二、阅读训练　阅读1　天下美差知多少 / 58
　　　　　　　阅读2　"老房子着火" / 59
　　　　　　　阅读3　风水 / 61
　　　　　　　阅读4　离婚率的增加 / 62

第三十九课 / 63
　　一、技能　抓标志词之四：原因与信息来源依据 / 63
　　二、阅读训练　阅读1　生或者死 / 66
　　　　　　　阅读2　纳粹集中营里的食谱 / 67
　　　　　　　阅读3　两只鼻孔 / 69
　　　　　　　阅读4　幽默两则 / 70

第四十课 / 71
　　一、技能　抓标志词之五：转折—对比（比较）/ 71
　　二、阅读训练　阅读1　金融 / 73
　　　　　　　阅读2　战争与梦想 / 74
　　　　　　　阅读3　中国学生为什么数学好？/ 75
　　　　　　　阅读4　微波炉 / 76

第四十一课 / 78
　　一、技能　抓标志词之六：结论与概括 / 78
　　二、阅读训练　阅读1　卷柏 / 81

目录

　　　　　　阅读2　毕业前后 / 82
　　　　　　阅读3　宋代龙泉青瓷 / 84
　　　　　　阅读4　红颜色与红地毯 / 85

第四十二课 / 86
单元复习　阅读1 / 86
　　　　　阅读2 / 86
　　　　　阅读3 / 87
　　　　　阅读4 / 88
　　　　　阅读5 / 89
　　　　　阅读6 / 90
　　　　　阅读7 / 91

第四十三课 / 92
一、技能　推测之一：推测 / 92
二、阅读训练　阅读1　生态环境继续恶化　黄河断流日甚一日 / 93
　　　　　　　阅读2　中国钱币博物馆 / 95
　　　　　　　阅读3　他对独立的要求 / 97

第四十四课 / 99
一、技能　推测之二：推测的分类 / 99
二、阅读训练　阅读1　音乐为何能使人长寿？ / 101
　　　　　　　阅读2　烫发记 / 103
　　　　　　　阅读3　行花街 / 105

第四十五课 / 107
一、技能　推测之三：意义的重复、对应与递进 / 107
二、阅读训练　阅读1　艾滋病人的婚礼 / 109
　　　　　　　阅读2　世界上五个袖珍的国家 / 111
　　　　　　　阅读3　美容 / 113

第四十六课 / 115
一、技能　推测之四：句子之间的关系和形式 / 115
二、阅读训练　阅读1　理洋发 / 117
　　　　　　　阅读2　高校辅导员 / 119
　　　　　　　阅读3　上下九路发昏记 / 121

第四十七课 / 123
一、技能　评读之一：区别事实与意见 / 123
二、阅读训练　阅读1　奇特的女书 / 125
　　　　　　　阅读2　关于战争的隐喻 / 126

3

阅读3　最好的介绍信 / 128
阅读4　中国人待客的礼仪 / 129

第四十八课 / 131

一、技能　评读之二：作者的意图、态度和语气 / 131
二、阅读训练　阅读1　千奇百怪的玻璃 / 133
　　　　　　　阅读2　广告的历史 / 134
　　　　　　　阅读3　纽约不设防 / 135
　　　　　　　阅读4　大地的眼睛 / 137

第四十九课 / 139

单元复习　阅读1　旅游广告 / 139
　　　　　阅读2　班尼路、普拉达、A货B货 / 141
　　　　　阅读3　什么时候开窗换气最好？/ 143
　　　　　阅读4　台湾风俗简介 / 144
　　　　　阅读5　写给妻子的信 / 145

第五十课 / 147

一、技能　视幅训练之一：按词切分句子 / 147
二、阅读训练　阅读1　地球的"内症" / 148
　　　　　　　阅读2　跛 / 150
　　　　　　　阅读3　办公室设施的改革 / 152

第五十一课 / 154

一、技能　视幅训练之二：按词阅读 / 154
二、阅读训练　阅读1　旅游广告两则 / 156
　　　　　　　阅读2　按生活需要选择吃的 / 157
　　　　　　　阅读3　周璇答记者问 / 159

第五十二课 / 162

一、技能　视幅训练之三：按六大成分切分句子 / 162
二、阅读训练　阅读1　凡高美术馆 / 163
　　　　　　　阅读2　《罗马假日》的梦想符号 / 165
　　　　　　　阅读3　常德城 / 167

第五十三课 / 169

一、技能　视幅训练之四：按六大成分阅读 / 169
二、阅读训练　阅读1　看云 / 171
　　　　　　　阅读2　随笔一则 / 172
　　　　　　　阅读3　广交会 / 174

第五十四课 / 176

一、技能　视幅训练之五：按三大成分切分句子 / 176
二、阅读训练　阅读1　公务员考试 / 177
　　　　　　　阅读2　《绿毛水怪》和我们的爱情 / 179
　　　　　　　阅读3　心理因素与健美 / 181
　　　　　　　阅读4　香烟是什么？ / 182

第五十五课 / 184

一、技能　视幅训练之六：按三大成分阅读 / 184
二、阅读训练　阅读1　空中小姐 / 188
　　　　　　　阅读2　嘣！詹姆斯·邦德 / 190
　　　　　　　阅读3　"独立阅读"之外 / 191

第五十六课 / 193

一、技能　说明文的阅读 / 193
二、阅读训练　阅读1　电视遥控器使用说明 / 195
　　　　　　　阅读2　英国病人 / 196
　　　　　　　阅读3　激光除污 / 198
　　　　　　　阅读4　为什么猫能抓老鼠？ / 199

第五十七课 / 200

一、技能　议论文的阅读 / 200
二、阅读训练　阅读1　成功的餐厅 / 202
　　　　　　　阅读2　论友谊 / 203
　　　　　　　阅读3　反面乌托邦的启示 / 205

第五十八课 / 207

一、技能　新闻阅读 / 207
二、阅读训练　阅读1　"铿锵玫瑰"今日战芬兰　战绩实力均占绝对优势 / 210
　　　　　　　阅读2　经过18天综合救治　贵州人禽流感患者脱离危险 / 211
　　　　　　　阅读3　调查显示日本近七成新成人担心今后的出路 / 213

第五十九课 / 215

一、技能　散文阅读与欣赏 / 215
二、阅读训练　阅读1　萍乡人吃辣椒 / 218
　　　　　　　阅读2　紫荆花 / 220
　　　　　　　阅读3　学会欣赏 / 222

第六十课 / 224

单元复习　阅读1　乘车不再拥挤　文明空间更大 / 224
　　　　　阅读2　鹦鹉趣话 / 226

阅读3 《非诚勿扰》吸金力十足 元旦小长假最赚钱 / 227
阅读4 "无事此静坐" / 229

参考答案 / 231
词汇总表 / 239
修订后记 / 245

编写说明

一、教学目的与教学对象

阅读是现代社会人们获取知识的基本途径,而在第二语言的学习中,阅读训练是全面提高目的语交际技能的重要手段。

本教材的教学对象是把汉语作为第二语言来学习的外国学生或中国少数民族学生。准确地说,是在全日制学校学过一年(大约800个学时)汉语的学生或同等水平的汉语学习者。

教学目的是通过学习和训练,切实提高学生的阅读技能和水平。跟一般的中级汉语教材或精读教材不同,本教材并不特别注重语言知识的学习,而是注重言语交际技能的掌握;在言语交际技能中,不是面面俱到,而是把侧重点放在阅读技能的掌握上。作为学习本教材的结果,应该是阅读技能的掌握和相应的阅读水平的提高。所谓阅读水平的提高,具体来说,就是阅读速度的加快,阅读理解率的提高。

二、教材特点

1. 以提高阅读技能为纲,兼及阅读类别来编排课文内容。阅读技能包括:猜词、句子理解、段落理解、全文大意概括、抓标志词、预测、扩大视幅、组读等等。阅读类别包括:眺读、浏览目录和题目,选定进一步阅读的内容;查读,在语料(如列车时刻表)中选取有用的信息(如某次列车的时间等);略读,抓语料的中心和大概内容;通读,全篇阅读。目的是提高学生的实际阅读能力和水平。

2. 以交际性、实用性为选材标准,注重语料题材和体裁多样化。注重当代性,语料及词语、句式、结构、文章风格等在当代交际生活中通用;注重可读性,使学生在学习中保持兴趣。语料既有一般性的文章,如通讯报道、故事、游记、幽默笑话、生活小品、科普文章、散文、论文等,又有实用性语料,如各类广告、时刻表、地图及旅游图、电话簿、指南等。目的是让学生接触并熟悉生活中可能遇到的各类语料,提高学生对这些语料,尤其是实用性语料的阅读能力。

3. 以《汉语水平词汇与汉字等级大纲》和汉语水平考试作为参照点,安排调整课文的难度,控制生词的出现与重现,设计练习的类型。练习着重测试学生的阅读水平,具体来说,就是测试学生掌握各种阅读技能的情况、阅读的速度及阅读理解率。相应的,通过本教材的学习,能大大提高汉语水平考试阅读理解部分的应试能力。

三、教材内容和教学方式

本教材一共60课,分别介绍通读、眺读、查读、略读等阅读方式,猜词、句子理解、段落理解、全文大意概括、抓标志词、预测、扩大视幅、组读等阅读技能,最后还专门介绍说明文、议论文、新闻、散文等文体的阅读技巧。

每课包括两大部分:技能和阅读训练。其中技能部分包括热身活动、技能讲解和技能练习三部分。教学时,教师可先组织同学进行热身活动,通过这一部分的操练引进技能讲解。修订后的技能讲解精简了许多,而技能练习部分的内容在数量和种类上则都有所增加。Ⅱ册热身活动中的课堂游戏的比例大大增加,教师在备课时要根据说明做好有关准备。

阅读训练的语料均经过改写以适应学生的阅读水平。在进行阅读训练时,生词最好等做完练习后再学,以便在阅读时进行猜词技能的训练。练习要按照要求进行,分三种类型:(1)阅前练习,即先看练习,根据练习提出的问题看课文,边看边回答练习中的问题;(2)阅后练习,即先阅读课文,后看练习,然后回答练习中的问题;(3)阅际练习,即边看课文边做练习。Ⅱ册还增加了一部分的课前作业、阅前讨论以及课后作业,充分调动学生自主学习的积极性,更好地建立阅读语境。

教材分Ⅰ、Ⅱ两册,Ⅰ册的阅读语料相对短一些,难度低一些;Ⅱ册的语料相对长一些,难度高一些。为了在实际教学中容易操作,每一课的内容安排长度适中,建议两个学时学完。

第三十一课

一、技　能

抓主要观点之一：抓主词（主词组）

一般的文章/段落，总是先有了主要观点，然后再根据这个观点把各种材料合理地组织起来。所以，在阅读时既快又准地把握文段的主要观点，将对提高阅读速度和理解率有很大的帮助。

以下四课我们将掌握主要观点的阅读技巧训练分成四个部分来进行练习，每一个技巧练习都可以视为一个略读练习。

热身活动

1. 从以下文章题目可以看出文章的主要内容是什么吗？在题目中找出1～2个与主要内容有关的词语或词组

《更年期26岁的启示》　　　　　　《KTV版权收费问题》
《结婚何必和中秋节较劲》　　　　《月饼盒里的虚荣心》
《谁来维护保姆的权益？》　　　　《搬厂就能搬掉污染吗？》
《超市病了，急需"抢救"》　　　　《不强制，太阳能难进家门》

2. 全班一起讨论一下你们找出来的词语或词组有什么不同并说说为什么

相信要完成上面的任务并不太难，文章的内容往往就围绕一两个主词或主词组，它们是作者关注的重点：人物、地点、事物等等。《KTV版权收费问题》显然就是讨论"KTV版权收费"的文章，《不强制，太阳能难进家门》是关于"太阳能"的文章，《结婚何必和中秋节较劲》主要是讨论"中秋节"和"结婚"的问题。所以，主词/词组也可以说是文段的简要话题。抓住文段的主要观点，很多时候要从抓主词开始。

练习

略读以下短文，找出 1~2 主词（主词组）

（1）醋可以去腥去臭，将鱼放入滴有少许醋的清水中，能刺激鱼吐泥，消除淡水鱼特有的泥土味。在果汁罐头中加入一滴醋，可消除铁锈味。

主词：

（2）地球上的淡水有九成以上来自地下水，而地球外围被海水包围。每天都有不少地下水融入海水之中，这种情况一直未被人关注。最近，有科学家指出，地下水流失问题已经十分严重了。

主词：

（3）德国的高速磁性火车在彭帕堡附近的拉藤市策划及试验中心进行测试。这列高速磁性火车速度非常快，汉堡至柏林全长二百九十公里的路程，只需约一小时即可到达。

主词：

（4）香港推出了一种中国象棋游戏机，内置强大记忆和人工智能思考系统，有49级棋力可供选择，并具备教练指导功能，无论是下棋能手或初学的爱好者，都可愉快地使用这种游戏机。

主词：

（5）巴西被称为世界狂欢节之国。巴西的狂欢节一般于每年2月中旬或下旬举行，但是性格开朗的巴西人往往早在节日前几天就跑到街头、海滩高歌狂欢。狂欢时，成千上万跳舞的巴西人身穿华丽的服装，跳着节奏明快、热情活泼的桑巴舞，场面非常壮观。这时的里约又是全巴西最热闹的地方，吸引了全世界的游客前来参加狂欢。里约把三百多条街道定为专门的桑巴舞场，街道两旁搭建了看台，共有六万多个座位。以每个座位票价一百美元计算，桑巴舞场每年为里约带来六百多万元的门票收入。

主词：

（6）人体与微生物（包括细菌）是无法分开的。人类的胎儿在母亲体内时，完全不会接触到微生物。可是当胎儿离开母体，与医生或者护士接触时，就开始学习适应我们这个"肮脏"的世界了。在空气中、在手上、在母亲的胸前和塑料奶瓶里，微生物无处不在。婴儿出生几个月内，就被一连串的微生物侵扰。科学家说，至少有四百种微生物开始在婴儿的肠内安家落户，更多的微生物迁至口腔、皮肤和身体的其他地方。可以说，人体是自然界里微生物最集中的地方。

主词：

二、阅读训练

阅读 1

食谱目录

填空

（1）如果你要学做炒牛肉，应该翻阅_____页。
（2）如果你要学做炸茄子，应该翻阅_____页。
（3）如果你要学做花生糖，应该翻阅_____页。
（4）如果你要学做一个法国菜，应该翻阅_____页。
（5）如果你要学做清蒸鱼，应该翻阅_____页。
（6）如果你要学做果汁，应该翻阅_____页。

家常菜肴烹调	214	简易西菜	274
1. 烹调原理	214	点心制作	280
2. 冷盘	215	饮料	290
3. 炒类	221	1. 夏令饮料制作	290
4. 溜类	236	2. 酒的知识	291
5. 爆类	240	蜜饯和糖果的制作	292
6. 炸类	244	1. 蜜饯制作	292
7. 蒸类	253	2. 糖果制作	294
8. 羹和甜菜类	265	3. 干果制作	295
9. 汤类	270	副食品的加工方法	297

参考词语

1. 烹调　　pēngtiáo　　（动）　　做菜
2. 冷盘　　lěngpán　　（名）　　盛在盘子里的凉菜（多为下酒菜）

3. 蜜饯　　mìjiàn　　（名）　　用浓糖浆浸泡的果品等

阅读 2

雪糕的历史

喜欢吃雪糕的人，如果去意大利罗马旅游，不妨到西班牙阶梯广场去一趟，并在那儿手拿雪糕拍照留念。因为意大利是冰糕的故乡，而现在的雪糕则是从冰糕发展来的。

公元 7 世纪之前，希腊、罗马、埃及、印度等都有用天然冰雪冰冻饮料的记录，而中东地区则也用果汁加天然冰雪冰冻饮料，成为冰糕或冰果汁。16 世纪，意大利人开始用硝石、水和冰的人工方法将饮料凝结成冰糕。17 世纪，冰糕的制作方法传入法国。法国人又发明了蛋白加柠檬水搅起泡沫后再冻结的技术，使冰糕变成类似今日雪糕的软糕状。跟今天的雪糕一样，那时的法国人以奶油和鸡蛋作为冰糕的主要原料。

1700 年，一位美国人的信中出现了"ice cream"一词。1864 年，美国的家庭主妇发明了手摇雪糕机，从此雪糕成了家庭日用食品。1851 年，美国的耶可伯·福赛尔牛奶店开始大量生产雪糕。19 世纪，雪糕传到日本。1869 年，横滨市首次出售了日本制的雪糕。而早在 7 世纪，阿拉伯制作冰糕的方法已由丝绸之路传入中国。

（据《海外星云》）

1. 第一次阅读，回答问题
(1) 意大利人用人工方法制作冰糕是在_____。
(2) 横滨市首次出售日本制的雪糕是在_____年。
(3) "ice cream"一词出现于_____年。
(4) 手摇雪糕机发明于_____年。
(5) 耶可伯·福赛尔牛奶店大量生产雪糕是在_____年。

2. 第二次阅读，然后按时间先后排序
(1) 人工制作冰糕法传入法国。
(2) 阿拉伯制作冰糕的方法传入中国。

(3) 雪糕成为家庭日用食品。
(4) 意大利人发明人工制作的冰糕。
(5) 雪糕大量生产。
(6) 美国人的信中出现"ice cream"。
(7) 日本第一次出售国产雪糕。
排序：_____

参考词语

1. 雪糕　　xuěgāo　　（名）　　一种半固体的冷食,又叫冰激凌
2. 凝结　　níngjié　　（动）　　由气体变成液体或由液体变成固体
3. 泡沫　　pàomò　　（名）　　聚在一起的许多小泡

阅读 3

白羊肚手巾

　　中国西北黄土高原上的农民,喜欢在头上扎一条白羊肚手巾。为什么叫白羊肚手巾呢？因为手巾白白的、毛茸茸的,就像羊肚子一样。人们说："白羊肚手巾是个好东西,农民一年四季都离不开它。"

　　春秋天气,不冷不热,把手巾往脑门儿一扎,能遮挡尘土就行了。冬天,天气冷了,出门把手巾往下一拉,就可以把耳朵包起来,这样就不会冻了耳朵。夏天,在太阳下干活儿,把手巾往后脑勺儿轻轻一结,白手巾正好挡住了晒人的阳光。天气闷热的时候,再扎手巾就太热了,这时要松开手巾,让它平平地躺在头顶上,既遮太阳又透风。要是太阳照得人睁不开眼睛,只要把手巾拧成股,往脑门儿一扎,就像是一个遮太阳的凉棚一样。

　　可是,现在的年轻农民已经不太喜欢扎这种传统的白羊肚手巾了。

（据丘桓兴《中国民俗采英录》）

说出以下天气条件下手巾的扎法
(1) 春秋天：

(2) 冬天：

(3) 凉快的夏天：

(4) 闷热的夏天：

(5) 太阳很厉害的日子：

参考词语

1. 手巾　　　　shǒujīn　　　　　　（名）　土布做的擦脸巾，毛巾
2. 毛茸茸　　　máoróngróng　　　（形）　形容细毛丛生的样子
3. 脑门　　　　nǎomén　　　　　　（名）　前额
4. 后脑勺　　　hòunǎosháo　　　　（名）　脑的后部
5. 拧成(一)股　níngchéng (yì) gǔ　　　　　两手握住物体两端分别向相反方向
　　　　　　　　　　　　　　　　　　　　　用力，使之变成像绳子一样的形状
6. 凉棚　　　　liángpéng　　　　　（名）　遮太阳的棚子

阅读 4

我祝福你

一次，我到一个博物馆参观。参观完了，我到那里的公共厕所方便。

在小便池的旁边，我看见一行小字："请抬头看看上面。"我忍不住抬头往上看，在墙的上方写着："你是王八蛋。"下面用小字写着："请再转头看看后面。"我忍不住再转头，后面的墙上用大字写着："你还是王八蛋。"下面又用小字写着："这一点是毫无疑问的。"

从公共厕所出来的时候，我觉得既生气又好笑，心想：这是哪一个无聊的人的杰作呢？这显然是一个聪明人在嘲笑别人，也仿佛是一个愚蠢的人在跟自己开玩笑。

其实，谁是王八蛋呢？

我们的时间那么珍贵，可以用来做有意义或者无意义的事，为什么不做一些有意义的事呢？

我们的生命那么短，可以用善意的祝福或恶意的嘲笑来面对世界，

为什么不选择那善意的祝福呢?

想想看,如果把厕所里的字改成这样,是不是会好得多:

"请抬头看看上面。"

"我祝福你。"(请再转头看看后面)

"我还是祝福你。"(这一点是毫无疑问的)

注:"王八蛋",乌龟或鳖的蛋,骂人的话:不是东西。

(据林清玄《不动道人心(外一章)》)

回答问题

这篇文章的题目应该是"谁是王八蛋"还是"我祝福你"更合适?为什么?

参考词语

1. 嘲笑　cháoxiào　(动)　用话语笑话对方
2. 善意　shànyì　(名)　好心、善良的愿望

阅读5

小偷"学校"

完形填空

也许老人们说得对:"现在(　　)从前好。"因为,现在(　　)怎样,偷东西都可以学习了。

阿根廷的一位少年办了一所(　　"　　"),教授他的技术。而他的技术,就是偷窃的(　　);最令人难以相信的是,有不少青少年到他的学校(　　)。

这所犯罪学校设在一个废弃了的仓库(　　)。最近警察关闭了这(　　)学校,并当场抓住了七名(　　)听课的少年。当时,十八岁的"教授"正在讲"偷理论",而听课的学生个个(　　)带了刀子等工具。

第三十二课

一、技　能

抓主要观点之二：抓主句

热身活动

三个同学一组，阅读以下段落，然后在这一课中（从第8页到第15页任何一个地方）找出段落里缺少了的句子，并把这个句子放到段落中相应的位置上

（1）"吹打"以管器和打击乐器为主要乐器，这类音乐有陕西鼓乐、山西八大套、河北吹歌、潮州锣鼓等。它们虽然各有鲜明的风格，但也有共同点，那就是火爆热烈，喧闹欢乐。弦索乐所用乐器都是琵琶、三弦、二胡、筝等弦乐器，风格轻柔典雅，配器较为细腻。丝竹乐流行于江南地区，所用乐器有"丝"有"竹"，风格明丽流畅，优美清新，深受当地人民的喜爱。

（2）从性质来看，汉字是从象形文字发展而来的表意文字，字形和字义的关系比字音与字义的关系要密切一些。有些汉字的字形跟某些事物的外形相似，容易引起人们的联想，把字形跟文字所指直接联系起来，如"日"、"月"、"人"等。

（3）第一次迁移是在东晋"永嘉之乱"后，大概都是沿着颖、汝、淮等河流，向南行动。第二次迁移，是受唐朝末年黄巢起义影响，迁移路程较远的一部分人是从河南光山、潢川、固始以及安徽寿县、阜阳等地方渡过长江进入江西，再迁到福建西部；较近的一部分人是直接从江西北部或中部迁移到江西南部、福建西部或广东北部。第三次迁移，受南宋末年元人入侵的影响，移民大多是由江西和福建进入广东北部和东部。其中，第二次迁移规模最大，奠定了客家的基础。

哪个小组最快找到句子？你们认为这些句子是不是概括了这些段落的主要意思呢？文章的主要观点常常是以主句概括的，也就是说，主句往往简明地表达了作者的主要观点。因此，能够迅速地找到主句就等于掌握了文段的主要观点。

读者应该十分注意段落的第一个句子，因为这是主句经常出现的位置，尤其是在说明文、论说文或科学论文中。最后一个句子往往是文段的总结，也是主句常出现的地方。

当然,主句也有可能在文段的其他位置。如果作者想强调他的观点,他还可能在段落中重复主句。同样的道理,文章的第一段和最后一段是全篇中特别重要的部分。第一段经常指出全文的叙述方向和内容范围,而最后一段则常常是全文的总结和归纳。

在热身活动中,你们找到句子之后把它们放到哪里了呢?段落的开头还是结尾?

练习

画出以下段落中的主句

(1) 交际者的关系往往会反映在他们之间的距离上。例如,情侣之间的亲密交谈,距离大约是15英寸以内;朋友、亲戚的私人交谈,相距大约1.5~5英尺;一般的社会交际,距离大约4~8英尺。

(2)《国风》中各国民歌都有独特的风格。如当时影响较大的"郑声",季扎就认为它:"美哉!其细已甚!"就是说:"美啊!旋律细致婉转极了。"当时的"卫声"以"趋数"见长,就是说它的曲调节奏比较快。"齐音"以"敖辟"闻名,就是说它的旋律跳动性较大。

(3) 随着电脑的普及,目前,上网成瘾的人越来越多。不过,有趣的是,有人因为玩儿电脑玩儿出毛病,但也有人因为玩儿电脑而治好疾病。据报道,日本有一位忧郁症患者,医生建议他上网玩儿玩儿,结果,他上网后真的不再忧郁了。

(4) 海底是否没有一点儿声音呢?不是的。海底的动物们常常在窃窃私语。你用水中听音器一听,就能听见各种声音:有的像蜜蜂一样嗡嗡叫,有的像小狗一样汪汪叫,有的还好像在打鼾……它们吃东西的时候发出一种声音,行进的时候发出另一种声音,遇到危险还会发出警报。

(5) 达斯汀·霍夫曼身高虽不足170厘米,却是影迷心中永远的"小巨人"。还有被誉为"银幕永远的情人"的罗伯特·瑞福,由于其银幕魅力十足,令老、中、青三代的女性影迷都相信"因为他爱过我,所以虽然他的身高不足180厘米也没有关系"。所以说,演员的身材不够高大并不一定会失去影迷,如何在银幕上拥有魅力,才是真正的课题。

(6) 地球上的光明和温暖,都是太阳送来的。如果没有太阳,地球将只有黑暗,只有寒冷,没有风、雪、雨、露,没有草、木、鸟、兽,自然也不会有人。一句话,没有太阳,就没有我们这个美丽可爱的世界。

答案(Hakka)在每段末句首三次及其他。

二、阅读训练

阅读 1

奇特的理发店

水中理发店：美国的佛罗里达州有一家别具一格的水中理发店。这家理发店设在游泳池里，顾客如果需要理发，可与理发师一起带上潜水用具潜入水下，进行水中理发。

分部理发店：法国巴黎有一家理发店分为两个部门，一个部门专门接待不喜欢说话的人，另一个部门则接待喜欢与人聊天的客人。这家理发店开张以来，受到许多人的欢迎。

电脑理发店：巴黎还有另一家与众不同的理发店，店里有一部特别的电脑，内存多种不同的发型。顾客进店后，理发师很快为他拍一张头型照片，几秒钟后，顾客就可以从电脑上看到为他搭配的发型，如顾客同意电脑的意见，理发师就按照电脑的指示为他理发。

音乐理发店：美国费城有一家音乐理发店，店内挂满了作曲家的照片，还准备了许多音乐光盘以满足不同顾客的需求，理发师还能一边理发一边给顾客唱歌。

（据《海外星云》）

回答问题

(1) 会唱歌的理发师可能在哪个理发店里工作？
(2) 喜欢安静的人可以到哪个理发店理发？
(3) 在哪个国家能找到开在游泳池里的理发店？
(4) 电脑理发店中的电脑多长时间可以为顾客搭配出相应的发型？
(5) "别具一格"在第几段出现？在第三段中找出它的近义词。

阅读 2

失踪的部队

据说,全世界每年都有几百万人失踪,而其中最神秘的是超自然的失踪,令人感到好奇又很害怕。

"这起神奇的事件发生在苏沃拉海湾60号地区。一次战斗进行到最激烈的关键时刻,太阳出来了,天空万里无云。但是几分钟后,天空中却出现了6~8块圆形大面包状的云,位于60号地区上空。其中最低的一块紧紧贴在地面上,云团大概有800英尺长、200英尺高、200英尺宽。

"一个团的英国军人毫不犹豫地走进云中。结果他们再也没有走出来。约一小时以后,当这个团的最后一名军人走进去后,这块云静静地离开地面。它慢慢地向上升起,最后与其他几块看起来跟它差不多的云连接在一起,并开始向北移动。"

提供这份报告的是当时的目击者:十九名工兵和三个排的士兵。他们的报告刊登在 Spaceview 杂志上,它叙述了发生在1915年8月29日的一次战斗中的情况,那是第一次世界大战中英国和土耳其之间的一次战斗。

第一次世界大战结束后,英国要求土耳其释放他们抓走的英国士兵。但是土耳其人不承认曾经抓过那些士兵。因此,直到今天,全团士兵在英国皇家军事记录上仍然被列为失踪。

最大的一次集体失踪事件发生在1711年的西班牙,四千名西班牙士兵在派连尼山上过夜,等候第二天清晨与其他的部队会合。第二天清晨,当他们等候的部队到达山上时,却发现四千名士兵全部不见了。山上十分平静,营火在燃烧着,军马和火炮都在原地,完全不像是有过战斗的样子,而晚上也没有人命令那四千名士兵转移到别的地方去。于是,军方派人在山区寻找了几个月,可是一无所获。这起失踪事件被记录在西班牙的军事文献里。

(据《读者精华》)

1. 这篇文章的主词是什么？

2. 选择正确答案
(1) "天空万里无云"是说：
　　A. 天气晴朗　　B. 天气干燥　　C. 天上没风　　D. 天空很大
(2) "目击者"是：
　　A. 有眼睛的人　　　　　　　B. 视力很好的人
　　C. 看见事件的人　　　　　　D. 用眼睛打人的人
(3) 英国士兵失踪的时候，他们正在：
　　A. 休息　　B. 打仗　　C. 行军　　D. 训练
(4) 西班牙士兵在哪里失踪？
　　A. 海湾　　B. 山上　　C. 云里　　D. 60号地区
(5) 失踪的西班牙士兵可能有多少人？
　　A. 四千　　B. 十九　　C. 五千　　D. 两千
(6) 西班牙的士兵不可能是被敌人打败并带走了，为什么？
　　A. 因为他们的人数很多
　　B. 因为山上十分平静，不像打过仗的样子
　　C. 因为他们点的火还烧着，他们的马和炮都在原地
　　D. B 和 C

3. 本文的主句在哪一段？

正文。这次离奇的失踪至今仍是英国军事档案中的悬案。

参考词语

1. 超自然	chāo zìrán		自然界以外的或科学常识所不能解释的
2. 刊登	kāndēng	（动）	新闻、文章等在报纸或杂志上登出来
3. 释放	shìfàng	（动）	把被关起来的人放出去，使他们自由
4. 一无所获	yīwúsuǒhuò		什么也没有得到
5. 文献	wénxiàn	（名）	对研究历史有用的图书等资料

阅读 3

美丽的老师

在广东省信宜市茶山镇一个距离市区三十多公里的小山村塘坑，有位美丽的女老师。

十五年前，二十二岁的程秀在信宜市一家肥料工厂工作，因工厂发生火灾被严重烧伤。她经过几次大手术，在医院里住了差不多四年。出院后，人们发现程秀本来美丽的容貌已被烧得面目全非，男朋友离开了她。后来，她还是结婚了，丈夫是一个比她大九岁的乡村理发师，他们住在一个偏远的山村里。

一个阳光明媚的早上，程秀翻出几年没摸过的心爱的口琴，走出了她半年没出过的家门，用伤残的手托住口琴，断断续续地吹出她熟悉的曲子《莫斯科郊外的晚上》。琴声吸引了在山野里玩儿着的孩子们，他们围过去，静静地听她吹口琴。程秀发现孩子们并不害怕她那张被烧得很丑的脸，心里觉得非常温暖。

她以前当过半年代课老师，想到这些孩子由于太小或太穷而不能上学，整天在田里和山上玩儿，就决定在家里办一个免费幼儿班。

程秀的丈夫看到那些孩子给妻子带来欢乐，也很高兴。他为妻子做了一块黑板，又到山上砍木头，做了几张桌椅。程秀的手指被烧掉了，没办法用粉笔在黑板上写字。于是，她去城里的大医院做手术，分开右手五只残存的指根。当她第一次用粉笔在黑板上写下几个歪斜的字时，脸上露出了愉快的笑容。

由于程秀原来工作的工厂经营得不好，她去年只收到一个月的工资。丈夫每月只有四百元的收入，家里有老人有孩子，其生活状况可想而知。因为经济的困难，程秀几次想停办她的幼儿班，但都坚持住了。

不知不觉十年过去了，她越来越希望能多有一点儿钱。她说有钱可以给孩子们买桌椅、买教学用具和图书，还可以在她门前的小河上建一座小桥，这样她就不用在雨天为过河的孩子们担心了。

虽然这位老师有张被火烧得变了形的怪脸，但她是位非常美丽的老师，至少多年来那些接受她悉心教育的穷孩子们是这么想的。

（据香港《读者文摘》）

1. 判断正误

（ ）(1) 小山村的名字叫信宜。
（ ）(2) 程秀被火烧伤了。
（ ）(3) 口琴是一种用口吹的乐器。
（ ）(4) 一开始，山村的孩子们就喜欢程秀。
（ ）(5) 程秀开办幼儿班不但能教育孩子们，还能增加收入。
（ ）(6) 程秀原来的工厂经营得不错，每年都把全部的工资发给她。
（ ）(7) 程秀家有好几口人。
（ ）(8) 程秀的手指都被火烧掉了，所以说她的手是伤残的。

2. 回答问题

(1) 本文有主句吗？有的话，请画出来。
(2) 请在第二段、第三段和最后一段找出形容程秀的脸的词或词组。
(3) 为什么作者和那些孩子们认为程秀是一个美丽的老师？

参考词语

1. 容貌	róngmào	（名）	相貌
2. 面目全非	miànmùquánfēi		人的样子或情况变得很厉害
3. 明媚	míngmèi	（形）	明亮而美丽
4. 免费	miǎnfèi	（动）	不要钱

阅读 4

迟到的秘密

一般来说，如果一个聚会对某人十分重要的话，他绝对不敢有一点儿故意迟到的念头。恋爱中也是如此。如果两个人相亲相爱，双方都会尽量不在约会的时候迟到。如果女方约会时经常迟到，可以断定女方并不喜欢男方，要是她让男方时常在约会时苦苦地等待她"驾临"，那么男方最好尽快结束这段恋情。当然，女方有时也会隐藏自己真实的感情,为考验一下男方的心意和耐性而故意迟到几次。但如果是真的喜欢男方,她一定不忍心一次又一次地让男方苦苦等候。

(据石川弘义《现代人的诡计》)

根据文章完成句子
(1) 一个姑娘常常让她的男朋友等她,她肯定(　　　)他。
(2) 一个人出席重要的聚会,往往不会(　　　)迟到。
(3) 姑娘有时故意迟到,是为了(　　　)男方。
(4) 作者劝男人最好不要追求常常让他们(　　　)的女性。
(5) 地位高的、重要的人到来叫做"(　　　)"。
(6) 一个等女朋友等了一个小时还不着急或生气的人是一个有(　　　)的人。

明智时期的井上哲次郎曾用假名来翻译,可是找不到"哲学"、"理想"、"主义"等词。

第三十三课

一、技　能

抓主要观点之三:归纳主要观点

热身活动

1. 四个同学一组,把以下句子/分句按顺序组成一段话
(1) 反而不喜欢你。
(2) 在谈判中,适当地赞美对方会使谈判更顺利,
(3) 最后,一定要记住,
(4) 但是过度的赞美显得不真实,
(5) 你应该冷静地接受,
(6) 让对方觉得你在说假话,
(7) 另外,当对方赞美你时,
(8) 不要在互相赞美中忘记了谈判的真正目的。
(9) 然后也赞美他一下。

2. 在句子中找出这段话的主句

你们大概觉得第一个任务很难,第二个任务是不可能完成的吧?对了,在许多文章和段落中并没有现成的主句,这时读者就必须自己把主要观点归纳出来。在进行这种阅读时,要合理地分配注意力:把注意力集中在定义性、总结性、介绍性文字中,遇到描述、叙述、列举类的文字则可以加快速度。

3. 现在,请你们把这段话的主要观点归纳出来

练习

阅读以下段落后写出主要观点

(1) 有人做事总是有开始没有结束。他们一会儿这样,一会儿那样,有头没尾,不能坚持到底。这表明他们不是反复无常,就是轻易地去做自己办不到的事。值得做的事情就应该做完,如果不值得去做那又何必开始呢?好的猎人不仅追踪猎物,而且还要把它们杀死。

主要观点:

(2) 许多人认为抱怨(complain)是改善自己处境的一种方法。你在酒店里没有得到好的服务,你向经理抱怨,他会道歉并给你补偿;但在平时的生活中,抱怨通常会使你令人讨厌,不仅不能使你得到别人的同情,甚至有时还会引起别人对你的轻视和无礼。你向别人抱怨有人欺负你,很可能那个人就是下一个欺负你的人。

主要观点:

(3) 一天,有一个小偷闯入著名画家毕加索(Picasso)家偷东西。当小偷拿完东西逃跑的时候,被女管家看见了,她随手拿起纸和笔,画下了小偷的样子。这时,毕加索也发现了小偷,他也把小偷的样子画了下来。警察按照毕加索画的画像抓小偷,可是却抓错了;只好求助于女管家画的画像,结果一下就抓住了真正的小偷。

主要观点:

二、阅读训练

阅读 1

家务活不轻松

家庭主妇的家务活是最繁重的一项工作。据统计,一个要照顾丈夫和两个孩子的妇女每年要刷1.3万个盘子、8000把刀叉、3000次锅。一个家庭主妇要搬动和整理的餐具,算下来每年要有5吨重。为了去商店购买生活用品,一个家庭主妇每年要走2000公里路。

据波兰妇女委员会统计,一个由丈夫、妻子和两个孩子组成的四口之家每年购买的物品有2500公斤。据美国的资料统计,平均每位美国妇女每月干家务活的劳动力价值是600美元。一位妇女每周要干12

种家务活,花费约 60 个小时。如果由某个公司来洗衣、打扫卫生、购买食品,再加上照顾家人,这些劳务的工钱正好是每月 600 美元。

意大利的研究人员认为,家庭主妇的家务活是有很大危险性的。这些研究人员统计,意大利每年直接死在厨房的妇女约 5000 人,原因是她们不小心或不会使用电器而出了事故。

一个家庭主妇在一个普通的工作日要消耗 2700 大卡热量,相当于中等程度的体力劳动者消耗的热量。由于每天负担过重,家庭主妇的脉搏一般可达每分钟 120~140 次。

看了上面的材料,谁能说家庭主妇就是不工作、靠丈夫养活的人?

(据《参考消息》)

1. 查读全文,找出文中与下列数字搭配的量词或名词

5	12	60	120~140
600	2000	2500	2700
3000	5000	8000	1.3 万

2. 通读一次,填写表格(有的栏目可能空缺)

国家	统计者	统计的内容	有关数字
		a. 每年清洗餐具的数量 b.	a. b. 5 吨
波兰			2500 公斤
		a. 每月干家务活的劳动力价值 b. c. 每周干家务活的时间	a. b. 12 种 c.
	研究人员	每年死在厨房的妇女	
		a. 家庭主妇一天消耗的热量 b.	a. 2700 大卡 b. 120~140 次/分钟

3. 选择正确答案

(1) 本文的主要观点是:

  A. 丈夫应该分担家务活　　　　B. 妇女不应该当家庭主妇
  C. 丈夫应该给家庭主妇发工资　　D. 我们应该尊重家庭主妇的劳动

(2)"餐具"是：

    A. 一种家具   B. 烹调用具   C. 吃饭的用具

(3)词典中"统计"有两个解释，请选择它在本文中的意思：

    A. 总括地计算   B. 指对某一现象有关数据的搜集、整理、计算和分析等

参考词语

1. 家务	jiāwù	（名）	家庭中需要做的事情，如做饭、打扫等
2. 委员会	wěiyuánhuì	（名）	集体领导组织或者为了完成一定任务而成立的专门组织
3. 价值	jiàzhí	（名）	体现在商品里的社会必要劳动；积极作用
4. 热量	rèliàng	（名）	热能的多少，单位是卡
5. 脉搏	màibó	（名）	心脏收缩时引起的动脉跳动

阅读2

一句话和一个动作

    亨利一生中最喜欢做的事情就是爬山。有一天他出去爬山，在离山顶大约三百米的地方摔倒了，头部受了重伤。当别人把这个不幸的消息告诉他的妻子时，她只提了一个问题："他摔倒的时候是正在上山还是正在下山？"

    几个星期以后，亨利的伤好了，听说了妻子的问题，他对人说："我真是太感动了。虽然当时她面临着可能会失去我的不幸，但她深深地爱着我，爱得那么深，所以她最关心的是如果我死了我是不是死得快乐、死得骄傲。我将永远记住她的爱，更不会忘记她的勇敢带给我的骄傲。"

    小丽第一次在家里请客。她请大家吃点心，其中有一种是她做的巧克力蛋糕，这是她照着食谱做出来的试验品。吃点心的时候，小丽让她的丈夫小麦先尝一口。她看到丈夫脸上痛苦的表情，就知道蛋糕的味道和她想象的一定很不一样。可是，小麦把整个蛋糕都拿了过去，并对客人们说："对不起，这个蛋糕是我最爱吃的，是小丽专门为我做的。既然这里还有其他点心，我就把这蛋糕全包下了。"

"他就坐在桌子边上,"小丽总是幸福地回忆那天的情景,"勇敢地吃着那蛋糕。实在吃不完了,他就把蛋糕切开,然后每块咬一口。这样其他客人就不会发现那蛋糕的味道是多么可怕了。小麦那了不起的动作使我确信,他是一个会保护我的丈夫。"

(据《读者精华》)

1. 请在文章中把题目的"一句话"和"一个动作"画出来

2. 判断正误
( )(1)"骄傲"在这里不是"谦虚"的反义词,而是"自豪"的同义词。
( )(2)亨利的妻子想知道亨利成功了没有,因为她也喜欢爬山。
( )(3)小丽常常做巧克力蛋糕。
( )(4)蛋糕的味道好极了,所以小麦把它全吃了。
( )(5)小麦表情痛苦是因为蛋糕很不好吃。
( )(6)小麦说"我就把这蛋糕全包下了"的意思是"我要把蛋糕全吃光"。

阅读3

明式家具

明代是中国历史上家具发展的一个高峰。明式家具总结和吸收了以前各个时期家具制造的经验,发展了制作技术,具有简洁、精美、实用、典雅的特点。

明式家具十分重视材料的选择:最好的家具都用紫檀、乌心石、花梨等木料,差一点儿的采用乌木、铁力木、酸枝木等,一般的民间家具则选用梓木、楠木、黄杨、榆木等。

明代家具为什么能够使用这么多种多样的木材呢?这是因为明代中国的船队能够航行到很远的地方,中国商人可以坐船到东南亚和南亚等地方,并把那里生长的好木材不断地带回中国。明代家具制作复杂,不要求做得快,但一定要做得仔细。一般的木工做一套家具,时间少的要三至五年,长的要八至十年。明代家具的设计也很有科学性,家具的各部分都是用精密的榫头(tenon)来连接的,完全不用钉子或胶水,连接得十分牢固。明代家具大多数是涂生漆,这样能够充分显示木材本来具有的美丽、自然的颜色。

明代家具在结构上跟中国的房屋建筑相似。例如,桌椅的腿就像是房屋的柱子。因此,明代的家具和房屋配合得很好。明代家具的造型也很讲究,家具的形状给人一种轻松优美的感觉,用起来很舒服,而且非常结实。明式家具的确是最有代表性的中国家具。

(据尹过均《居家文化》)

选择正确答案

(1) 根据本文,哪些是最好的木材?
　　A. 紫檀、乌木、花梨　　　　B. 紫檀、乌心石、酸枝
　　C. 花梨、铁力木、紫檀　　　D. 花梨、乌心石、紫檀

(2) 明代为什么有许多好木材?
　　A. 明代的人种了很多树
　　B. 东南亚有很多商人到中国来
　　C. 明代的商人可以坐船到东南亚、南亚去买木材
　　D. 东南亚商人坐船到出产好木材的地方去买木材

(3) 一套明式家具要做多久?
　　A. 三至五年　　B. 三至十八年　　C. 八至十年　　D. A 或 C

(4) 下面哪个句子是正确的?
　　A. 明式家具用榫头连接,不涂漆,跟房屋结构相似,造型优美
　　B. 明式家具用榫头连接,涂生漆,跟房屋结构相似,形状优美
　　C. 明式家具用胶水和钉子连接,涂生漆,跟房屋结构相似,造型优美
　　D. 明式家具用钉子和胶水连接,涂油漆,跟房屋结构相似,形状优美

(5) "造型"的意思是:
　　A. 制造出来的模型　　　　B. 制造出来的东西的形状
　　C. 制作一个特别的形状　　D. 制造出来的特别的东西

(6) 下面哪个句子是正确的?
　　A. 明式家具的颜色就是油漆的颜色　　B. 明式家具的颜色是由木工决定的
　　C. 明式家具的颜色跟木材有很大关系　D. 文章中没有提到明式家具的颜色

参考词语

1. 简洁　　jiǎnjié　　(形)　　简单,没有多余的东西

2. 典雅　diǎnyǎ　（形）　优美不粗俗
3. 木料　mùliào　（名）　初步加工后具有一定形状的木材
4. 木材　mùcái　（名）　树木采伐后经初步加工的材料
5. 配合　pèihé　（动）　合在一起
6. 讲究　jiǎngjiu　（形）　这里指精美

阅读 4

情感智商：EQ

完形填空

很长一段时间以来，智商（IQ）被认为是一个人是否能成功的关键：一个人智商越高，他就越(1)；越出色，他就越有可能成功。但美国科学家丹尼尔·戈勒曼在他的著作《性情智商》一书中指出，这是一个完全(2)的观点。在书中，戈勒曼分析了情感、性格、气质等等与智力的关系，得出了性情商数（EQ）比智力商数（IQ）(3)的结论。毫无疑问，大多数成功的科学家和艺术家具有很高的智商，但更多同样聪明的人却一事无成。很多在学校里(4)出色的学生，后来获得的成就都(5)曾经向他们抄作业的同学。作者分析这些现象时，认为前者虽然有很高的智商，但是他们的情感智商(6)，因此他们的聪明才智并不能充分发挥出来，甚至完全没有发挥作用。

(1) A. 成功　　B. 出色　　C. 成就　　D. 杰出
(2) A. 错误　　B. 正确　　C. 有问题　D. 没有问题
(3) A. 重要　　B. 更重要　C. 最重要　D. 不太重要
(4) A. 成绩　　B. 不太　　C. 成就　　D. 智商
(5) A. 不比　　B. 不如　　C. 比较　　D. 比如
(6) A. 较高　　B. 更低　　C. 更高　　D. 较低

第三十四课

一、技　能

抓主要观点之四：避免相关观点的干扰

热身活动

1. 4个同学一组，把以下句子按顺序组成一段话
(1) 亚洲国家越富有，
(2) 我认为亚洲地区整体的经济发展前景非常好。
(3) 但有一个不可避免的问题是：
(4) 如日本现在的经济增长率比二十年前低得多，
(5) 这是因为富有国家增长空间小。
(6) 经济增长率就越下降。
(7) 因此，目前亚洲地区经济有一点下降的现象是可以理解的。

2. 在句子中找出这段话的主句

你们大概觉得第一个任务很难，第二个任务更难了吧？为什么难呢？因为文章和段落中的一些观点和信息虽然不是主要观点，但却跟主要观点在内容、逻辑关系上有联系，有时候这些观点和信息很容易干扰读者对主要观点的判断。如果在阅读之前读者对文章或段落的题目和内容有所了解或对该题目有自己的看法，就更容易受干扰，因为他的注意力可能不那么集中，他的判断也可能受原来看法的影响。

再看上面那段话。在这一段话中，大半句子是说明亚洲经济"增长率下降"的，而你们也许早就知道这的确是一个事实。那么，本段落的主要观点就是："亚洲经济增长率下降吗？"答案是否定的。作者的主要观点是"亚洲经济发展的前景非常好"，而"增长率"是与发展有关的一个问题。

练习

阅读以下段落,判断给出的观点是哪一类
Z=主要观点,Y=与主要观点有关的观点,W=与主要观点无关的观点

汉字大写数字的由来

明朝以前人们记账都是使用"一"、"二"、"三"等汉字和自己创造的一些简单符号,这种记数方法简单实用,而最大的缺点就是太简单了,容易涂改。一些贪官污吏便有了可乘之机,比如把"一"改成"二"、"三"、"六"、"七",把"三"改成"五",再加上字迹潦草一些,想分辨出真伪更是难上加难。

明朝的开国皇帝朱元璋深感元朝末年贪污腐败之严重,意识到治理贪污不仅要严惩罪犯,更要从制度上堵住贪污之门,所以大写的数目字"壹贰叁肆伍陆柒捌玖拾佰仟"就成为朱元璋的发明之一。这些汉字写起来虽然麻烦,但可以有效地避免涂改,所以沿用至今。

(1) 明朝官员贪污情况很严重。(　　)
(2) 汉字发展就是从简单到复杂,又从复杂到简单的过程。(　　)
(3) 汉字大写数字是由谁发明的。(　　)
(4) 汉字大写数字是怎么来的。(　　)
(5) 中国人记账的历史。(　　)

动物的"警戒线"

科学家们从长期的观察研究中发现,所有的动物,包括那些被驯服的,彼此之间都保持一定的自卫距离,这种距离称为"警戒线",也有人叫它"战斗边缘"。蜥蜴的距离是2码,狮子是25码,鳄鱼是50码,长颈鹿在200码以上。当它们发现比自己更强的敌人在警戒线上活动时,就立刻逃跑或装死;而当敌人已经闯入警戒线时,它们就不逃走而转为进攻了。毒蛇咬人,蜜蜂刺人,臭鼬鼠放毒,都是在这种情况下被迫做出的进攻。

(1) 不同动物的自卫距离是多少。(　　)
(2) 什么是动物的警戒线。(　　)
(3) 毒蛇、蜜蜂、臭鼬鼠为什么攻击人类。(　　)
(4) 有关动物自卫距离的知识。(　　)
(5) 科学家要经过长期观察,才能获得关于动物的知识。(　　)

二、阅读训练

阅读 1

电话收费单

1

83811888　王大一　2009年1月至2月电话费　（单位:元）

市话费	郊县费	长话费	附加费	基本费	总计	实交费
21.93	7.65	184.30	7.01	17.00	199.77	199.77

电话号:83811888　　　月份:1（部分明细）

日期	市话	郊县	长话	总费(元)
16	0.68	0.34	0.00	1.02
17	0.17	0.00	0.00	0.17
18	1.19	0.51	11.05	12.75
19	1.02	0.34	0.00	1.36
20	0.51	0.00	8.50	9.01
21	0.17	0.34	102.00	102.51
22	0.68	0.00	12.75	13.43
23	0.34	0.00	3.75	4.09
24	0.17	0.00	0.00	0.17
25	1.02	0.00	0.00	1.02
26	0.68	0.00	0.00	0.68
27	0.17	0.00	0.00	0.17
28	0.68	0.00	0.00	0.68
29	0.34	0.17	0.00	0.51
30	0.68	1.70	6.25	8.63

回答问题

(1) 王大一的电话号码是多少？

(2) 王大一在1月一共打了多少钱的市内电话？

(3) 哪天的电话费最多？哪天的电话费最少？

(4) 有多少天王大一只打了市内电话？

2

电话号:83811888　　　月份:1(部分明细)

日期	时间	主叫	被叫	通话时间	话费(元)
090118	214102，214350	83811888	075533553289	2′48″	2.55
090118	214425，214452	83811888	0085225802303	0′27″	4.25
090118	214506，214527	83811888	0085225802303	0′21″	4.25
090120	185012，185136	83811888	0085225662464	1′24″	8.50
090121	165313，171631	83811888	0085225662464	23′18″	102.00
090123	173342，173443	83811888	0085225662464	1′01″	8.50
090123	184802，184824	83811888	0085225662464	0′22″	4.25
090124	134618，134634	83811888	01064386716	0′16″	1.25
090124	134701，134819	83811888	01064386716	1′18″	2.50

回答问题

(1) 这里列出来的电话是市内电话、郊县电话还是长途电话?
(2) 王大一打的最多的电话号码是什么?
(3) 哪一天王大一连续打了三次电话?
(4) 最长的电话打了多久? 最短的电话打了多久?
(5) 王大一在哪一天下午5:30左右打电话?

阅读2

有趣的"新闻"

一天,我在河边见到一个老人正在整理他收购来的旧报纸,我随便翻翻,看到了一些有趣的"新闻"。

新闻1

一个人生气十分钟所用的能量等于参加一次三千米的赛跑。愤怒的人会呼出有毒的气体,这种气体在水中有紫色沉淀(sediment),可以毒死一只小白鼠。生气的母亲给婴儿喂奶会使婴儿中毒。动物在被人杀死时总是很生气,所以喜欢吃肉的人要小心,因为动物生气时产生的毒会聚集在他们的身体中。

新闻 2

炸掉月亮,然后把月亮的碎块填到大海里。一些著名的天文学家、数学家、航天学家、物理学家和农业学家经过讨论、计算和试验,认为这是一个可以实现的计划。

新闻 3

成千上万的姑娘们穿上游泳衣到沙滩上"晒月光"。十七岁的高中女生辛迪说:"月光像太阳光一样,使我的皮肤变成古铜色,但月光里没有紫外线(altraviolet ray),不会像阳光一样伤害皮肤。"相信到 8 月,会有一半以上的青年爱上"晒月光"。

新闻 4

美国费城的心理学家最近宣布了一个结论:"汉字可以治病。"引起了医学界、心理学界、语言学界的广泛注意。欧美人使用拼音文字只能发挥大脑左半球的功能,而右脑却没有用;中国人和日本人使用汉字,靠大脑左半球认识和记住字音,右半球认识和记住字形,左右大脑一起使用才能掌握字义。所以汉字有利于大脑和心理的全面发展和合作。

(据鲁枢元文)

1. 4 个同学一个小组,分别阅读四条新闻,读完后在小组里讲讲各自读到的新闻

2. 在右边的选项中找出左边列出的现象的原因
(1) 年轻人在有月亮的晚上到海边　　A. 月亮被炸掉了,碎块被倒入海里
(2) 母亲生气的时候不能给婴儿喂奶　　B. 人生气时会产生有毒的物质
(3) 有精神病的人学汉字　　C. 动物被杀时很生气,会产生毒素
(4) 少吃肉,多吃菜　　D. 月光使人的皮肤又漂亮又健康
(5) 月亮和大海都没有了　　E. 可全面使用大脑,有利于人的心理发展

3. **画出每组词中不一样的词**
(1) 汉字　　字音　　字义　　字形
(2) 深红色　　浅紫色　　古铜色　　彩色
(3) 农业学家　　物理学家　　科学家　　数学家

(4) 精神　　　　心理　　　　大脑　　　　手脚
(5) 紫外线　　　羊毛线　　　X光线　　　红外线

4. 小组讨论
(1) 作者对他看到的新闻的态度是：
　　A. 怀疑，但觉得很有意思
　　B. 怀疑，想找出真正的答案
　　C. 不相信，对这些假新闻感到很生气
　　D. 相信，对人类不断有新发现感到高兴
(2) 你们对这些新闻的看法呢？

参考词语

1. 收购　shōugòu　　（动）　从不同的地方大量买进
2. 能量　néngliàng　（名）　物质做功的能力，基本类型如：热能、电能、风能
3. 心理　xīnlǐ　　　（名）　人的大脑反映现实世界的过程，如感觉
4. 半球　bànqiú　　 （名）　球体的半边，如地球的东半球、大脑的左半球等

阅读 3

父亲给女儿的一封信

立儿：

你好！

去海口看望你回来，已经有一个月了。家里都好，不要挂念。

两个弟弟读书还算用心，成绩有一定进步，特别是唐山的数学成绩进步要快一些，希望你多来信鼓励他们。

你的身份证已经办好了，现寄给你，要保管好，千万不能丢失。出门在外，身份证是非常重要的。

我回来后几天，咱家的母猪产了几头小猪，目前长得很好，估计到4月底能卖出去。油菜现在正是开花的时候，田野里到处是金黄色，而且长势好，估计收成也会不错。早稻秧苗下泥了，我计划不种早稻而全

部改种一季稻,那样你母亲会轻松一些。她经常说你又有多少天没有来信了,希望你多来几封信,让她少挂念一些。天下父母心,都是疼儿女的,你要理解母亲的心。一个家庭妇女,没机会出门,只能在家天天想念儿女。

你韩叔他们一家都好吧?请代我向他们问好。

你四叔给你买衣服,那是他对你的关心,在他身边就跟在父母身边一样,要听话,他的钱也是血汗钱,来得不容易。要尽量节约,买什么都不能大手大脚。

唐田、唐山都给你写信了,只希望你少想家,心情愉快,生活快乐。玉芳昨天回来了,她说给你去信了,收到了吗?

好,不多写,祝你一切顺心。

父亲:唐正凡
(据《天涯》)

1. 回答问题
(1) 收信人现在住在哪里?
(2) 写信人是做什么工作的?
(3) 收信人收到信和什么?
(4) 收信人的母亲常常旅行吗?
(5) 收信人的弟弟叫什么名字?收信人的名字可能叫什么?
(6) 收信人现在可能跟谁住在一起?

2. 选择正确答案
   (1) "血汗钱"的意思是:
       A. 罪犯抢来的钱 B. 钱上面有人的血和汗 C. 很不容易才得到的钱
   (2) "大手大脚"的意思是:
       A. 随便花钱   B. 非常不小心   C. 很大的手和脚
   (3) "挂念"的近义词是:
       A. 想念   B. 纪念   C. 挂着不放开
   (4) "天下父母心,都是疼儿女的"的意思是:
       A. 儿女总是让父母痛苦
       B. 父母都关心、喜爱儿女
       C. 父母因为挂念儿女得了心脏病

29

3．小组讨论

（1）这封信的主要内容是什么？

（2）你们的父母怎样跟你们联系？联系时的主要内容是什么？

参考词语

1. 身份证　　shēnfènzhèng　　（名）　　证明身份的证件
2. 长势　　　zhǎngshì　　　　（名）　　庄稼生长的情况
3. 秧苗　　　yāngmiáo　　　　（名）　　水稻的幼苗

第三十五课

一、技　能

抓主要观点之五：文章结构

前面几个有关抓主要观点的技能训练都围绕着段落阅读进行，当然上述的方法同样可以应用于文章阅读。本课将把重点放在文章阅读上。

热身活动

1. 四个同学一组，把以下段落按顺序组成一篇文章

（1）看过马克·吐温《我的自传》的人们知道，他这么做是为了惩罚自己。因为，他在书中承认，他杀死了自己的孩子。

（2）马克·吐温一直隐瞒着这件事，他同时也感到自己是个有罪的人。直到妻子死后，他才在自传中说出了真相。

（3）原来，马克·吐温曾经有一个儿子。在那孩子三个月时，有一天马克·吐温的妻子有事需要外出，请马克·吐温照顾孩子几个小时，马克·吐温答应了。那天下着大雪，非常冷，马克·吐温把孩子的摇篮推到门外的走廊上，自己则坐在旁边看书。他看得很专心，也没有听见孩子的声音。过了半天，他放下书本，发现孩子不知什么时候把小被子踢掉了，已经冻得快死了。当时的温度是－19℃。

（4）在一个下着大雪的日子里，年老的马克·吐温（Mark T.）让自己在雪地里站了三个小时，于是他病了，不久就离开了人世。

（5）他急忙把孩子抱进屋里。妻子回家后，发现孩子病了，但马克·吐温不敢告诉她发生了什么事情。几个小时后，孩子就死了。

2. 找出包含主要观点的段落

一般而言，文章和段落一样，无论有多少个自然段，在结构上它只是简明地分成两部分：第一，提出主要观点；第二，用原因、细节或事实支持主要观点。在文章中，常常有一个或更多的段落是包含主要观点的主段，而剩下的段落则包含了支持主要观点的各方面内容。

跟段落一样,文章的作者也常常把主要观点放在文章的第一段或最后一段,当然有时也不一定。

练习

阅读文章,回答问题

《衣饰的天地》内容介绍

人人都爱美,在今日的社会中,注重外表装扮,仿佛已经成为一种社会风气,成为生活的必需。

现代人讲究装扮,古代人也是一样。特别是有"衣冠古国"之称的中国,它的服装和装饰有着更加悠久的发展历史。然而我们对这方面的认识又有多少呢?当时服装的潮流是什么?古代的奇装异服究竟是怎样的?不同身份的人应该怎样穿衣服?《红楼梦》中服装的设计水平、颜色搭配又怎样?戏剧舞台的服装是怎样形成的?穿衣打扮和国家的强大与否又有什么关系?如果你对这些问题有兴趣,可以翻翻《衣饰的天地》。

这本书以杂谈漫话的形式介绍中国古代各式各样的衣服和装饰品,也告诉我们古人打扮的秘密。在回忆从前的时候,也许对我们今日的生活会有所启发。

(据王维堤《衣饰的天地》封底简介)

(1) 本文的主要观点是什么?在哪一段?
(2) 简要说明其他各段的主要内容。

H_1N_1

H_1N_1 其实就是感冒的一种,达芬类药物就能治愈,治疗过程非常简单。政府也多次说了,H_1N_1 是可防可治的。既然是可防可治,那投入大量金钱人力做检查隔离的意义何在?据说现在美国的 H_1N_1 患者是百万,可没听说有要隔离的。估计中国是被几年前的非典吓坏了,有点儿神经过敏。我不知道 H_1N_1 在中国弄死了几个人,但我敢肯定,死于 H_1N_1 的中国人绝对没有死于吃西瓜拉肚子的人多。

前几日成都公共汽车燃烧后,许多地方把空调车的玻璃全砸了,更换成可开式窗户,还有的地方甚至建议取消空调汽车。典型的因噎废食,到了可笑荒唐的程度。

　　以上种种,用一句昆明话说就是"贼惊"。就是由于缺乏常识和自信,而毫无必要地惊慌失措小题大做。而且,这种"惊"给人的感觉就是做贼一样地卑鄙猥琐。

　　小到个人,大到国家,都不要贼惊,要有气度胸怀。

(张世涛)

这篇文章的主要观点是什么？在哪一段？

二、阅读训练

阅读 1

差不多先生的故事

　　差不多先生是个有名的人,你一定见过或听说过他。差不多先生的名字差不多天天挂在中国人的口头上。差不多先生常常说:"做事情只要差不多就行了,不要太认真。"

　　他小时候,妈妈叫他去买红糖,他买了白糖回来,他妈妈骂他,他说:"红糖、白糖不是差不多吗？"

　　他上学的时候,老师问他:"河北省的西边是哪一个省？"他说是陕西,老师说:"错了,是山西。"他说:"山西和陕西不是差不多吗？"

　　后来他在一个商店里工作,他会写字也会算数,但他总是把十字写成千字、把千字写成十字。商店的主人生气了,他只是笑着说:"千字和十字不是差不多吗？"

　　有一次,他为了一件重要的事,要坐八点三十分的火车去上海,他八点三十二分才到车站,火车已经开走了。他摇摇头说:"那我就明天走吧,今天走和明天走是差不多的,可是这火车为什么不等等我呢？八点三十分开和八点三十二分开不是差不多吗？"

　　有一天,他得了重病,叫仆人赶快去请东街的汪大夫。那仆人太着急了,没有找来汪大夫,却找来了西街的王大夫。躺在床上的差不多先生知道仆人请错了大夫,但他想:"汪大夫和王大夫差不多,就让他给我治病吧。"可是王大夫是个兽医,他用治牛、治马的方法给差不多先生治病,不到一个小时,差不多先生就死了。

(据胡适《差不多先生传》)

1. 差不多先生觉得什么和什么差不多?请在给出的词和词组后面写出来
(1) 千(　　)　　　(2) 红糖(　　　)　　　(3) 汪大夫(　　　)
(4) 八点三十分(　　　)　(5) 陕西(　　　)　　(6) 明天(　　　)

2. 这篇文章有没有主段?如果有请指出来;如果没有,请归纳出文章的主要观点

参考词语

1. 仆人　　púrén　　　（名）　　被雇佣到家里做家务、为家人服务的人
2. 兽医　　shòuyī　　　（名）　　给动物看病的医生

阅读2

中国是世界上交通最方便的国家之一

1. 课前活动
(1) 在地图上找一找西藏、新疆、怒江、阿里。
(2) 在地图上找一找纽约、华盛顿、新泽西、缅甸。

中国现在可能是世界上交通最方便的国家,跟中国比,美国的公共交通绝对是不发达的。

在中国,你可以利用公共交通或者准公共交通工具方便地进入乡镇一级的任何地方;即使到人口更少一点儿、地方再偏一点儿的村一级地点,也很容易找到搭客的摩托车或其他交通工具。可以说,就算你想去哪怕是西藏阿里那样的地方都不是什么难事,也能有个几乎每天经过的班车。

在美国,只有少数的城市有完善的公共交通,如纽约、华盛顿等。在大多数城市,如果没有自己的汽车,你就寸步难行。

我去过西藏,去过新疆,年初在怒江峡谷,那算是目前中国交通最不发达的极边远地区之一了,一边是缅甸,一边接西藏。回来的那天好像是个墟日,峡谷里最壮观的就是成串的三轮搭客摩托车,在峡谷里鱼贯出入,数量多到不小心会互相撞车的地步。

你知道我在美国普林斯顿大学假日酒店的情形吗?这里说是为大学服务的酒店,但是一个没有车的人却几乎无法到达大学校园。走路吧,没路;坐车吧,没车;出租?对不起,也没有。一定要走怎么办?电话叫车,先等半个小时以上,再付不便宜的价格。这可是在美国最发达的东部,就在纽约边上的新泽西啊。日本怎么样?那是好,可我说的是城市,乡下也跟美国差不多。想想还是中国好,要去哪里,套用一句话:"只有想不到,没有去不到。"去哪儿都那么自在,只要不在春运时出现在广州火车站。

(张世涛)

2. 选择正确答案
(1) 以下哪个地方是地名?
　　A. 乡镇　　　B. 阿里　　　C. 春运　　　D. 普林斯顿
(2) 以下哪个地方偏远?
　　A. 纽约　　　B. 新疆　　　C. 新泽西　　　D. 美国东部
(3) 以下哪个不是中国交通发达的表现?
　　A. 在偏远地区可以打电话叫出租车
　　B. 在偏远的地区也有每天经过的班车
　　C. 在村一级的地方很容易找到搭客的摩托车
　　D. 可以利用公共交通或准公共交通方便地进入任何乡镇
(4) 这篇文章的主要观点是:
　　A. 美国的公共交通很落后
　　B. 中国的公共交通比美国发达
　　C. 中国的生活比美国和日本自在
　　D. 中国的公共交通可能是世界上最发达的
(5) 第三、四段的写作目的是:
　　A. 批评美国的交通落后
　　B. 赞扬中国的公共交通
　　C. 通过举例来说明中国的交通很发达
　　D. A 和 B

3. **课后讨论**

(1) 请同学们在网络上找一找关于"春运"的图片。
(2) 课文中画线的句子是什么意思?

参考词语

1.	准	zhǔn	(形)	没有达到某水平但可按该水平算
2.	偏	piān	(形)	离中心部分很远
3.	完善	wánshàn	(形)	完整,良好
4.	峡谷	xiágǔ	(名)	山和山之间的低地,常常有河流
5.	墟日	xūrì	(名)	在中国南方许多农村地区,人们在固定的某一天到某个地方去买卖东西,形成一个临时的市场,就叫墟,那天叫墟日
6.	鱼贯出入	yúguànchūrù		像鱼一样排成队出入

阅读 3

幽默二则

我在百货公司女装部买东西,有个顾客跟我说:"我女儿要结婚了,"她两眼发亮地告诉我,"她的未婚夫是个医生。"

她走进试衣室后,她女儿走过来向我道歉:"对不起,我母亲打扰你了。"我说:"没关系,她告诉我,你的未婚夫是一个医生,她很高兴。"

"对,"她叹了一口气说,"可是妈妈总是忘记告诉人家,我也是医生。"

我母亲是公司的经理,有一次她和来找工作的人谈话,来者是一个相貌和身材都不错的女孩子,母亲问她有没有什么特长。那女孩子想了一想,十分慎重地回答:"我的腿特长。"

回答问题

(1) 在百货公司里购物的母亲和"我"说话时为什么眼睛发亮？
    A. 因为她很高兴   B. 因为她高兴得哭了
    C. 因为她的眼睛很漂亮   D. 短文里没有说明

(2) 从短文中可以看出母亲：
    A. 认为女儿不应该当医生
    B. 对于女儿和她的未婚夫，她更喜欢后者
    C. 认为女儿找一个好丈夫比找一个好职业重要
    D. 认为女儿找一个好职业比找一个好丈夫重要

(3) "我"母亲问的"特长"和女孩说的"特长"分别是什么意思？
    A. 都是"特别长"的意思
    B. 都是"特别拿手的技能"的意思
    C. "特别长"和"特别拿手的技能"
    D. "特别拿手的技能"和"特别长"

参考词语

慎重   shènzhòng   （形）   小心认真

阅读 4

最早的中国地图

按照学者的说法，人类在发明文字之前就已经使用地图了。不过我们所能见到的最早的中国地图，是1973年在湖南长沙出土的汉代（Han Dynasty）地图。

出土的汉代地图一共有三张。一张是地形图，长、宽各98厘米，比例约为1∶80000。地图上绘制的范围大概在今天湖南、广东和广西三省交界的地区。图中有大小河流三十多条，都用线条表示，其中九条还写上了名称。在图上分布着八十多个居民点，大的城镇用方形符号表示，小的村镇用圆形符号表示。

另一张地图是驻军图，图中有九个军队驻扎点，都用深红色等深颜

色表示。图左边正中有一个"东"字,上面偏右有一个"南"字,这和我们今天地图的上北下南、左西右东的方向是相反的。

第三张地图只有前两张地图的一半大小。它是一个城市的地图,有一点像现代的城市街道图,还画有一些主要建筑的图形。只可惜图上没有说明它到底是当时的哪一座城市。

(据《粤语区人学习普通话教程》)

选择正确答案

(1) 下列哪一种说法是错的?
  A. 城市图是三张地图中最小的一张
  B. 在驻军图中,深颜色表示军队驻扎点
  C. 现在地图的方向是上北下南、左西右东
  D. 1973年出土的汉代地图是中国人画的第一张地图

(2) 关于地形图,下列哪种说法是对的?
  A. 图上画出了九条河流
  B. 城镇都有方形符号表示
  C. 地形图正中有一个"东"字
  D. 地形图的范围是广东、广西和湖南交界的地方

参考词语

1. 地形　dìxíng　　(名)　地球表面的形态
2. 绘制　huìzhì　　(动)　画(图表)
3. 驻扎　zhùzhā　　(动)　军队在某地住下

第三十六课

一、技　能

抓标志词之一：标志词

热身活动

1. 以下有两组句子,全班同学分成(1)、(2)两组,分别把两组句子按顺序排成一段话,看哪组同学快一些

(1)

① 早上一起床,张宇就觉得心烦意乱。
② 第一,他的眼睛疼得很,洗脸的时候照镜子,他看见眼球全红了;
③ 第四,张宇打开冰箱,发现里面空空如也,就只好饿着肚子上班。
④ 有好几个原因让他这样:
⑤ 但出门的时候,张宇看见阿兰留在门口的大包,就想到阿兰,
⑥ 第二,报社今天要开会,他根本没有时间去医院看眼睛;
⑦ 这样,张宇的心情就好了一些,眼睛也不那么疼了。
⑧ 第三,昨晚睡觉前,他接到大林的长途电话,说他要从新西兰回来了。这就意味着张宇必须尽快找到另一个住处,因为他现在住的就是大林的房子;
⑨ 他一向喜欢想到阿兰时的感觉。

(2)

① 早上一起床,张宇就觉得心烦意乱。
② 他的眼睛疼得很,洗脸的时候照镜子,他看见眼球全红了;
③ 张宇打开冰箱,发现里面空空如也,就只好饿着肚子上班。
④ 有好几个原因让他这样:
⑤ 出门的时候,张宇看见阿兰留在门口的大包,就想到阿兰,
⑥ 报社今天要开会,他根本没有时间去医院看眼睛;
⑦ 张宇的心情就好了一些,眼睛也不那么疼了。
⑧ 昨晚睡觉前,他接到大林的长途电话,说他要从新西兰回来了,这就意味着张宇

必须尽快找到另一个住处,因为他现在住的就是大林的房子;

⑨ 他一向喜欢想到阿兰时的感觉。

2. 总的来说是哪个组更快?大家互相看看另一组句子,想想为什么?

怎么样,有答案了吗?是因为(1)组里多了一些特殊的词语。这些词语就是我们从这一课开始讲练的标志词。

一篇文章是由许多句子组成的,这些句子之间必定有某种内在的逻辑联系,这种联系往往由标志词显示出来,以热身活动中的特殊词语为例:

(1)"第一"、"第二"、"第三"和"第四",这几个词标志了顺序、分类,在这里分别带出了张宇"心烦意乱"的几个原因。

(2)"但"暗示了情况可能有所改变,向相反的方向发展。前面一直在说明令张宇心烦意乱的原因,"但"后面正是令他心情好了一些的原因。

(3)"这样"后面往往引出一个结论性的句子。这里是说:最后,张宇的坏心情好了一些。

准确、迅速地抓住标志词,可以大大提高阅读速度和准确率。因为标志词像路标一样,指示出文章的脉络和层次。这也就是(1)组同学能更快地完成排序任务的原因。

标志词跟复句中的关联词有重叠的地方,但是标志词联系的是句子和段落,而不是分句。

练习

阅读以下两段文字,讨论哪些词是标志词

(1)

不论是谁,都可以有幽默感。所谓幽默感就是看出事物的可笑之处,用可笑的语言来解释它或用幽默的办法来解决问题。比如说,一个小孩见到一个长着很大鼻子的生人,小孩子是不会客气的,马上就会叫出来:"大鼻子!"如果这位生人没有幽默感,也许就会不高兴,孩子的父母也感到不好意思;如果他有幽默感,他会笑着对小孩说:"那就叫我大鼻子叔叔吧!"这不,大家用一笑了之的方式就解决问题了么?

(2)

我们可以发现,英语和汉语的问候活动通常是先开始接触(说话人通过呼唤或眼神接触相互打招呼),然后互致某些问候客套语,表示欢迎或乐意会面,再做寒暄。因此,问候语包含下列组成部分(其数目和顺序在会话中可能有所变化):① 招呼(或呼唤);② 问候;③ 欢迎词语;④ 表示高兴;⑤ 寒暄。

试看简去见罗伯特时的问候过程:

……(此处省略)

类似的结构在汉语中也很常见。试看老张看望老王时两人的问候过程:

……(此处省略)

但是,在许多情况下,问候活动中有些成分是可以省略的。如果甲和乙在公园碰面,欢迎辞就没有必要了;如果甲和乙来去匆匆,寒暄之辞也就不会使用,整个问候语就可能压缩为"Hi—Hi"(英语)或"嘿—嘿"(汉语)。

然而,在有些场合,其他一些词语则有可能加进问候语中。例如,在中国传统的正式问候语中,主人有可能为自己没有出去迎接客人表示歉意。在比较正式的场合,就可能会使用"大驾光临,有失远迎"之类的套语。这样看来,问候语的内部结构就可能更为复杂了。

二、阅读训练

阅读1

早期的南京路

要说中国最有名的马路,除了北京的长安街,就是上海的南京路了。

也许很多人都不知道,原来南京路的路面是木头做的。一张摄于1906年的老照片记录了南京路铺设红木路面和电车轨道的情形。提起南京路的红木路面,当时还有一句顺口溜:"北京的蓬尘(灰尘)伦敦的雾,南京路上的红木马路。"听起来,顺口溜是来中国的外国人编的,土生土长的中国人不太可能把北京、伦敦和南京路放在一起。所谓红木,就是铁藜木,是一种坚硬的木料。用木头铺马路虽然有点儿奇怪,但也很有意思。这种做法,也只有外国人才能想出来吧!红木路面直到20世纪50年代才全部拆除,它在风吹雨打中度过了半个世纪。

当时修路的中国工人头上还有辫子呢。他们大概没有人会想到,再过几年,在这片土地上,就只有女人还保留着辫子了。

南京路不仅是各种外来商品的集中地,在交通工具的引进方面也比其他城市先进得多。1874年南京路上便有了人力车,与传统的轿子、马车一起行走。1901年南京路上出现了上海历史上第一辆汽车。1908年3月5日,第一辆有轨电车出现在南京路上。1914年有了无轨电车。1922年有了公共汽车。

20年代的南京路,更加繁华。当时,在中国的道路上所能见到的最先进的交通工具,这里都有,汽车的引擎声、喇叭声和电车的叮当声汇成一曲都市交响乐。此外,街道两旁的建筑也令人赞叹:罗马的古典主义、欧洲早期的现代派风格以及美国近代的建筑风格,都在南京路上投下了自己的影子。

这是几十年以前的南京路。南京路在几十年前所形成的格局一直保持到今天,而其"中华第一商业街"的地位,也没有动摇过。

(据杨天亮《早期的南京路》)

1. 回答问题
文章主要写了早期南京路的什么?

2. 选择正确答案

(1) 南京路上各种交通工具出现的先后次序是：
　　A. 轿子、有轨电车、无轨电车、人力车、公共汽车
　　B. 轿子、无轨电车、有轨电车、公共汽车、人力车
　　C. 轿子、人力车、有轨电车、公共汽车、无轨电车
　　D. 轿子、人力车、有轨电车、无轨电车、公共汽车

(2) "汽车的引擎声、喇叭声和电车的叮当声汇成了一曲都市交响乐"是什么意思？
　　A. 交通工具的声音像交响乐一样好听
　　B. 交通工具的声音组成都市才具有的特殊的声音
　　C. 有一种特别的交响乐，是由交通工具的声音组成的
　　D. 交通工具的声音各种各样，像交响乐团的乐曲一样

参考词语

1. 铺设	pūshè	（动）	把东西展开或摊开	
2. 轨道	guǐdào	（名）	用条形的钢材铺成的供火车、电车等行驶的路线	
3. 情形	qíngxing	（名）	事物显示出来的样子	
4. 顺口溜	shùnkǒuliū	（名）	民间流行的一种口语短句，念起来很顺口	
5. 土生土长	tǔshēng-tǔzhǎng		当地生长	
6. 拆除	chāichú	（动）	拆掉	
7. 引擎	yǐnqíng	（名）	发动汽车的机器	
8. 交响乐	jiāoxiǎngyuè	（名）	由管弦乐队演奏的大型乐曲，一般由四个乐章组成	

阅读 2

木刻楞房子

木刻楞房子是位于中国最北部的漠河地区的一种房子。漠河紧靠着大森林，有很多木头。木刻楞房子就是用木头造的房子。它一般都

很高大,房子中间用几根圆柱子支撑着整个房子。由于漠河的冬季极其寒冷,所以这种房子的外面要糊上厚厚的泥。房子里面没有天花板,如果站在房子里抬头看,看到的就是铺在房顶上的红松木,还能闻到木头的香味。房子里要有两面火墙,搭两个火炉,火炉既可以用来取暖,又可以做饭。这种房子里的地板是木头的,家具也是木头的。

从房子的外面看,房子南边的墙上常常挂着东北特有的蒜辫子、辣椒串、鱼干等等,而西边的墙上则挂着各种农具和捕鱼的工具。

这样的房子就像是大自然的一部分,有一种不同平常的美丽。

(据《羊城晚报》)

回答问题

(1) 漠河在哪里?
(2) 漠河的冬天天气怎样?
(3) 火炉有什么用?
(4) "农具"是什么工具?
(5) 从文章看,漠河人还可能做什么工作?

参考词语

1. 柱子　　zhùzi　　　　(名)　建筑物中直立的起支持作用的部分
2. 支撑　　zhīchēng　　(动)　支持使不倒下来
3. 天花板　tiānhuābǎn　(名)　房屋里在屋顶下加的一层东西,一般是木板

阅读 3

青少年网络成瘾问题

网络成瘾,是由于使用互联网引发的一种心理障碍,在青少年中最为常见。

第三十六课

　　上网成瘾的青少年对外界事物注意力涣散,而对网络内容却有独特、敏感的注意力。他们不能节制上网时间,作息没有规律,不听从劝告。沉迷网络可使人视力下降、神经紊乱、没有食欲,容易失眠、抑郁,引发紧张性头痛、免疫力降低、强迫症、神经衰弱等。网络成瘾者若被迫离网一段时间,会出现不舒服的症状,例如情绪低落、烦躁、容易发脾气、坐立不安、注意力难以集中等等问题。

　　致使青少年上网成瘾的原因主要来自四个方面:(　　　)是网络游戏。有研究者发现,玩儿网络游戏的多为男孩子,一旦迷上就会忘记时间而不能自拔。(　　　)是网上聊天和电子邮件等。这些主要吸引在现实生活中性格内向、人际交往困难而又渴望与人交流的青少年。(　　　)是网络黑客或制作个人网页。着迷于此的青少年一般是电脑高手,然而道德和法律意识淡薄,他们在网络技术操作中寻求自我肯定和自我表现的机会。(　　　)是各种网站的新闻、传言、图文资料乃至色情信息。对此感兴趣的青少年自制力低,好奇心强,互联网上五花八门的信息,令他们乐而忘返。

(据《科学》)

1. 一边读一边把有关网络的词语画出来,看看你是否知道它们的意思

2. 把适当的标志词填到空格里

3. 选择正确答案
(1) 为什么青少年比其他人更容易上网成瘾?
　　A. 青少年的自制力低　　　　　　B. 青少年有比较多的时间上网
　　C. 青少年的上网技术不如成年人好　　D. 文章没有说
(2) 根据本文,沉迷网络至少可使人身体出现几个问题?
　　A. 3　　　B. 5　　　C. 7　　　D. 9
(3) 青少年上网成瘾的原因不包括:
　　A. 网络游戏　　B. 电子邮件　　C. 个人网页　　D. 网络教学

4. 词语讨论
(1) 除了上网,还有什么可以让人们上瘾?
(2) 什么事情可以让你乐而忘返?
(3) 找一下文章里带"自"的词语或词组,说说他们的意思。

参考词语

1. 障碍　　zhàng'ài　　（名）　阻止前进的东西
2. 节制　　jiézhì　　　（动）　限制，控制
3. 作息　　zuòxī　　　（名）　工作和休息
4. 不能自拔　bùnéngzìbá　　　指一个人没有办法让自己从一种情况里走出来

阅读 4

粤　语

完形填空

在中国众多的(1)中，粤语，也就是广东话，是影响较大的一种方言。使用粤语的广东、香港和澳门都是经济发达的地区，(2)，对广东人和香港人、澳门人的羡慕影响了人们对粤语的态度。在北方的舞台上，流行歌手说话都带上了(3)口音，粤语歌曲很受(4)。对粤语的偏爱还(5)在商品的名称上，如电饭锅称为电饭煲，胸罩称为文胸，理发店称为发廊、发屋，出租车称为的士，美丽的女人称为靓女。这些现象(6)了语言的选择与地区经济的发展有很大的关系。

(1) A. 语言　　B. 方言　　C. 口语　　D. 讲话
(2) A. 因为　　B. 但是　　C. 这样　　D. 于是
(3) A. 广东　　B. 香港　　C. 澳门　　D. 粤语
(4) A. 喜欢　　B. 流行　　C. 欢迎　　D. 羡慕
(5) A. 表明　　B. 象征　　C. 表现　　D. 说明
(6) A. 表现　　B. 说明　　C. 表达　　D. 显明

第三十七课

一、技　能

抓标志词之二：重复和补充

热身活动

从以下标志词中找出合适的词语填到表格里

（与此）相反	即	相同的
…的缘故	简而言之	也就是说
…故（此）…	接着	一言以蔽之
…时（候）	结果	以后
…原因是（有）	举一个例子	以前
比如	具体地说	以致
表面上…其实…	据	因此
不过	开始	因为…（所以）…
此外	可见	由此看来
打一个比方	可是	由于…
但（是）	例如	再次
第二	另一方面	这样
第三	其次	正如…所说的
第一	前面已经提到…	之所以…，是因为/由于…
而	却	只是
反过来	然而	致使
反面	然后	总而言之
根据	如	总之
跟/与…一样…	首先	综上所述
好比	虽然…但是…	最后
好像	同时	同样的
换句话说	相对来说	

表示上下文意思相同	表示举例	表示比喻

以上三类标志词被放在一起是因为它们都标志着其前面或后面的内容只是对同一个观点或重要内容的重复、补充或具体说明,并没有新的或重要的信息出现。所以,当我们遇到这类标志词时,可以加快阅读的速度。

表示上下文相同的标志词有"即"、"换句话说"、"同样的"、"也就是说"、"与(跟)……一样/相似……"、"相同的"、"具体地说"等。

表示举例子的标志词有"例如"、"比如"、"举一个例子"、"如"等。

表示比喻的标志词有"好像"、"打一个比方"、"好比"等。

练习

1. 找出文中表示重复、补充的标志词

（1）

脸部表情在反映一个人的情绪时占很重要的地位,也就是说,脸部表情是显示一个人情绪的主要标志。但是,如果一个人把脸藏起来,是不是就没有人知道他的内心世界了呢?答案是否定的。人们在努力不使自己的表情显示出自己的情绪时,他身体的其他部位却会在无意中泄露真实的情况。例如,(

)。

（2）

自我接触基本上表现了内心的不安、紧张、恐惧等,也就是说人在精神上受到伤害或产生紧张等情绪时,常常会以种种不自觉的动作,如(　　　　　)触摸自己的身体。比如(　　　　　)。"自我接触"在心理学上可以解释为"自我安慰",换一句话说,人们通过不自觉的自我接触掩藏情绪并保持平静,这与婴儿得到母亲的爱抚而保持平静的情况十分相似。

2. 把以下三个例子填到上面的段落里

例1：一个人不断地把两只手的手指交叉在一起，那就表明他的内心紧张不安

例2：一个人用微笑去面对一个使他愤怒的人，但他那紧握的拳头、僵硬的身体却明明白白地告诉别人他的真实情绪

例3：抚摸、抓、捏等方式

3. 通读画线部分并回答问题

（1）

脸部表情在反映一个人的情绪时占很重要的地位，也就是说，脸部表情是显示一个人情绪的主要标志。但是，如果一个人把脸藏起来，是不是就没有人知道他的内心世界了呢？答案是否定的。人们在努力不使自己的表情显示出自己的情绪时，他身体的其他部位却会在无意中泄露真实的情况。例如，一个人用微笑去面对一个使他愤怒的人，但他那紧握的拳头、僵硬的身体却明明白白地告诉别人他的真实情绪。

（2）

自我接触基本上表现了内心的不安、紧张、恐惧等，也就是说人在精神上受到伤害或产生紧张等情绪时，常常会以种种不自觉的动作，如抚摸、抓、捏等方式触摸自己的身体。比如一个人不断地把两只手的手指交叉在一起，那就表明他的内心紧张不安。"自我接触"在心理学上可以解释为"自我安慰"，换一句话说，人们通过不自觉的自我接触掩藏情绪并保持平静，这与婴儿得到母亲的爱抚而保持平静的情况十分相似。

（1）第一段的主要观点是什么？

（2）人什么时候会自我接触？为什么说自我接触是一种自我安慰？

4. 阅读文章并选择填空

许多人在考虑问题时，往往只从自己的立场出发，而不考虑别人或环境的情况；这（1）我们说的"自我中心"。（2）一个人在开车，他的眼睛只看到车窗，却不看窗前的道路或两边的车辆行人一样，一定会引起事故。

如果一个人只关心自己想什么，完全不注意别人说什么和做什么，就无法理解别人的想法和情绪，更不能跟别人交流。

所以，一个人在与别人相处时，要有一个顾及双方的全面的态度，这与学跳舞有（3）之处。一个人如果只注意到他自己的腿部动作，不注意身体其他部位的动作，其结果也就谈不上学会跳舞。（4），没有兼顾双方情况，也就谈不上建立人际关系。

舞蹈老师在指导学生学习跳舞时，并不仅仅要求他们留心自己的腿，而是要求他们不断练习相同的动作，直到习惯为止。一位成功的舞蹈家，当他跳舞时，绝不会仅仅注意脚的动作。（5），心理学家告诉人们要学习把注意力从自己身上移开，并使之成为习惯。

（1）A．不是　　　　　B．就是　　　　　C．说明

(2) A. 好比　　　B. 不像　　　C. 相像
(3) A. 相反　　　B. 相似　　　C. 相对
(4) A. 同样的　　B. 一样的　　C. 各样的
(5) A. 不同的　　B. 相同的　　C. 同类的

(据《情感智商》)

二、阅读训练

阅读 1

菲律宾人给中国人的外号

1. 读前讨论

根据以下句子,说说画线词语的意思:

(1) 小虎长得胖,同学们就给他起了个"胖猪"的<u>外号</u>。
(2) 北京队昨天在北京体育场战胜实力比他们强的上海队。很多球迷认为这是<u>占了主场的便宜</u>。
(3) 不少官员把单位的车当自家的车用,<u>占国家的便宜</u>。
(4) 福建省又称是"闽",<u>闽</u>南就是福建南部。

"intsik"写做汉字就是"引叔",这是菲律宾人对中国人一种不敬的称呼。

原来"intsik"是一句闽南话,意思是"你叔叔"。据说来源是菲律宾人问中国人的称呼时,来自闽南的中国人把中国内地的习性带来了,他们欺负菲律宾人听不懂汉语,就趁机揩油占便宜地说:"我是你叔叔。"按闽南发音写出来也就是"intsik"——引叔。菲律宾人不知就里,就用这个来称呼中国人了。中国人开始很得意:当上了别人的叔叔,虽然没有当老子那么爽。后来不知怎么的,这个称呼渐渐有了贬义,连中国人也不愿意听了,叔叔也不想当了。

你看,原来想占便宜,结果反倒害了自己。

菲律宾的华人还有别的称呼,比较流行的是TSINOY,这是因为菲律宾人自称PINOY,把intsik中的TS拿来就组成了TSINOY。不过有人觉得这个词不如CHINOY好,因为这里用了CH,是中国的拉丁拼法,来源比较正面。所以也还是有人用这个,只是没有TSINOY流行而已。

（张世涛）

2. 回答问题
(1) "引叔"是哪里的方言?
(2) 中国人怎么占菲律宾人的便宜?
(3) 以前菲律宾华人喜欢"引叔"这个称呼吗?为什么?
(4) 现在他们喜欢这个称呼吗?为什么?

3. 讨论
(1) 你们现在在中国什么地方学习?本地人给外国人起了什么外号并有什么意义?
(2) 在你的国家,外国人(或某些外国人)有外号吗?请介绍一下。

参考词语

1.	揩油	kǎiyóu	（动）	占便宜
2.	不知就里	bùzhījiùlǐ		不明白其中的意思
3.	爽	shuǎng	（形）	感觉很舒服、得意

阅读 2

我的继父

　　我十一岁那年,我母亲和来奥结婚了。两年后,我们搬到一个新开发的郊区。起初,我们的房子和别人家的没有什么不同,但不久一切都变了,母亲的花园、来奥的树丛使我们的房屋在这个地区显得那么独一无二。更重要的是,一个真正的家庭在这所房子里悄悄地产生了,来奥成了我们的全职父亲。

　　以后的日子里,只要天气不好,来奥就会开车送我上学。星期六的早上,我们会去商店看看,买一份体育报纸给我哥哥,然后他会买一些东西送给我。晚饭时,我们坐在桌旁,听来奥讲一些工作中的趣事,而我和哥哥则告诉他在学校里的人和事。那时,他总会说:"孩子,如果需要帮助就来找我,不过我总怀疑你们是不是会需要帮助,你们是那么聪明!"

一天,有人通知我们,我们的生父——五年多没见过面也没给我们任何帮助的父亲,要求探访哥哥和我。我们清楚地记得跟他一起生活的那些不愉快的日子。因为哥哥已经十七岁了,他可以自己做出决定,而我则不得不去见法官,由他决定要不要跟生父见面。在法庭上,我告诉法官,我已经成为新家庭的一部分:来奥教会我许多事情,帮我做作业,了解我的心事,而且从来不对我发火。我说我不想再见我的生父,因为他从来没有对我付出爱心和应有的关心。

法官看看来奥:"你觉得怎样?"来奥说:"太好了,我能有这样的家庭,多么幸运啊!"那天,我生父的要求被法官拒绝了。从此,他从我们的生活中消失了,同时我也知道来奥已经成为我最亲爱的朋友,真正的父亲。

(据《海外星云》)

1. 回答问题
(1) 文章的主要观点是什么?
(2) 一般说的"全职母亲"指什么?本文说的"全职"父亲又是指什么?

2. 作者认为好父亲的标准是什么?4个同学一组,在文章中找出来

参考词语

1. 树丛　shùcóng　(名)　生长在一起的树
2. 全职　quánzhí　(形)　指至少一天八小时一周五天的工作,跟兼职相对
3. 法官　fǎguān　(名)　法院里审理、判决案件的人
4. 法庭　fǎtíng　(名)　法院审理诉讼案件的地方
5. 付出　fùchū　(动)　交出(如金钱、劳动、感情等)

阅读3

锻炼眼睛

我们的感觉输入大概有90%以上是来自眼睛。因此我们要锻炼眼睛,使我们能有一个好的视力。

在电脑前连续工作了几小时的人常常说他们看不清东西。看报运动能够使你眼里的世界重新清楚起来:找一张报纸钉在距离你的座位约2.5米的墙上,每过15分钟左右看看这张报纸,先看报纸上的标题,再看看电脑荧光屏,连续做5次。这种锻炼可以使你的眼睛得到放松。

视力好的人不但看得清楚,而且应该比别人看得更快、更多。下面是两个专家提出的速度练习:

第一,保持头部不动,尽可能快地把目光从右边移动到左边,一定要把你的目光集中在每一边的最外侧。这种锻炼能改善你的外围知觉。

第二,努力在10秒钟内扫视房间里的10种不同的物体(这次你可以转动头部),然后说出这些东西的名称和看到它们的先后顺序。这种锻炼可以使你的注意力更灵活。

(据《海外星云》)

1. 两个同学一组,一个同学读1、2段,另一个同学读3、4、5段

2. 两个同学互相讲讲锻炼眼睛的方法

3. 选择正确答案
(1) 以下四个词中不同类的是:
　　A. 视力　　　B. 听力　　　C. 重力　　　D. 注意力
(2) "看报运动能够使你眼里的世界重新清楚起来"的意思是:
　　A. 看报运动改变你的生活
　　B. 看报运动告诉你你不清楚的事情
　　C. 看报运动使你更清楚世界上发生的事情
　　D. 看报运动使你原来看不清楚东西的眼睛能够看清楚

(3) 本文的作者认为"视力好"就是：

A. 看得清楚　　　　　　B. 看得比别人更多

C. 看得清楚，快而多　　D. 没有近视、远视等疾病

参考词语

1. 输入　　shūrù　　　　　（动）　从外部送到内部
2. 荧光屏　yíngguāngpíng　（名）　电视、电脑等的显示器
3. 扫视　　sǎoshì　　　　（动）　眼睛很快地看

阅读 4

握住自己的命运

从前，一位国王正准备处死一名使节。为显示自己的公正，那天，国王召集了很多民众，并当众拿出了一个布袋，说布袋里有两粒石子，一粒是白石子，一粒是黑石子，现在由使节自己决定自己的命运：如果他从布袋里摸出了一粒白石子，便可以无罪释放；如果摸出的是一粒黑石子，便会立即被处死。

使节当然清楚，布袋里的两粒石子都是黑石子，无论他摸出哪一粒石子，都得被处死。可最后，使节凭借自己的智慧和永不放弃的信念，为自己赢得了生存的权利。原来，使节从布袋摸出一粒石子的时候，故意失手掉在地上，与地上的其他石子混在一起，使人分不清他摸出来的是哪粒石子。然后，使节告诉大家，要想知道他摸出来的到底是白石子还是黑石子，这并不难，只要打开布袋，看看布袋里剩下的那粒石子就知道了：如果布袋里面剩下的是白石子，说明他摸出来的是黑石子；如果布袋里面的是黑石子，说明他摸出来的是白石子。当打开布袋的时候，人们看到在布袋里剩下的是一粒黑石子，按国王的说法，说明使节刚才摸出来的是一粒白石子。在众目睽睽之下，国王只好无奈地将使节放了。

事后，人们都向使节贺喜，说他命好，握住了一粒白石子。而使节

却说，不是他命好，也不是他握住了一粒白石子，而是在死亡的关口，他仍在紧紧地握住自己的命运。

（据黄小平文）

判断正误

（　）(1) 国王的袋子里面的石子都是黑的。
（　）(2) 如果使节摸出来的是白石子，他就要被处死。
（　）(3) 课文中的使节非常聪明。
（　）(4) 国王很公正，所以使节没有死。
（　）(5) 使节的命运很好。
（　）(6) 文章的主要观点是人要依靠自己才能把握自己的命运。

参考词语

1. 命运　　　　mìngyùn　　　　（名）　生与死以及财富等等一切遭遇
2. 召集　　　　zhàojí　　　　　（动）　通知人们聚集在一起
3. 众目睽睽　　zhòngmùkuíkuí　　　　　　在大家的眼光下

第三十八课

一、技　能

抓标志词之三：顺序与分类

热身活动

从以下标志词中找出合适的词语填到表格里

（与此）相反	即	相同的
…的缘故	简而言之	也就是说
…故（此）…	接着	一言以蔽之
…时（候）	结果	以后
…原因是（有）	举一个例子	以前
比如	具体地说	以致
表面上…其实…	据	因此
不过	开始	因为…（所以）…
此外	可见	由此看来
打一个比方	可是	由于…
但（是）	例如	再次
第二	另一方面	这样
第三	其次	正如…所说的
第一	前面已经提到…	之所以…，是因为/由于…
而	却	只是
反过来	然而	致使
反面	然后	总而言之
根据	如	总之
跟/与…一样…	首先	综上所述
好比	虽然…但是…	最后
好像	同时	同样的
换句话说	相对来说	

顺 序	分 类

以上两类标志词帮助读者区分不同的观点,支持同一观点的各类材料或者是事件发展的顺序是时间先后,或由易到难等等。

大家注意到分类的标志词似乎很少,其实,很多分类是直接用数字或字母来进行的,还有的是一系列结构相同的词组,读者在阅读时要注意。另外,有的表示时间顺序的方式是直接使用年、月、日、时等。

练习

1. 略读以下文章,把表示顺序和分类的标志词或词组画出来

根据对民间传说的实际情况的了解,我们可以这样说:所谓传说,就是描述某个历史人物或历史事件、解释某种风物或习俗的口述传奇作品。

这个定义从三个方面规定了民间传说的性质。从文体性质上来说,民间传说必须是一种散文体的口述作品。首先是散文体,其次是口述体,也就是说它是说出来的,而不是唱出来的,即使对它加以笔录,甚至加工整理,也很难根本取消或改变它的口头创作的特色。

从艺术表现上来说,民间传说要有一定的传奇性,它的情节往往有着离奇、巧合甚至超自然的因素。

从内容上来说,它与两个方面有关系:一是常常与历史上的真人真事有关。比如"画龙点睛"这个传说,虽然有夸张、虚构的传奇色彩,但是主人公张僧繇却是一个真实的历史人物,而且确实是南朝梁代最著名的画家。民间传说对于历史人物或事件主要是描述性的。二是民间传说的内容常常与地方风物与民间习俗有关。这种关系不是对这些民间习俗、风物的描述,而是表现为用传说来解释风物和习俗的成因和流变。

(据程蔷《中国民间的传说》)

2. 以下是对上文的结构分析,按照原文填空
民间传说的定义:
(1) 从文体上来说:首先是(　　　　　　　);其次是(　　　　　　　)。
(2) 从艺术表现上来说:一定要有(　　　　　　　　　　　)。
(3) 从内容上来说:一是与(　　　　　　)有关;二是与(　　　　　　)有关。

3. 略读以下段落,用表示顺序和分类的标志词填空

雪花白菊

原料:白菊花瓣125克,清油1500克(约耗75克),白糖75克,富强粉75克。

制法:(　　　　)把菊花洗干净,均匀地粘上面粉,用大火烧油,油到五成热时,放入菊花花瓣,(　　　　)把炸脆的花瓣捞到盘子里,洒上白糖即可。

操作关键:(　　　　),粘面要均匀、合适,不能太多;(　　　　),油的温度要掌握好。

特点:色白如雪,甜脆香嫩,菊花香味浓郁。

二、阅读训练

阅读 1

天下美差知多少

工作都很辛苦?在我看来不一定。例如有种工作是付钱让你睡觉,这就是典型的美差。这种美差叫做"专业梦者",研究人员希望在睡觉的方法和梦之间找出联系,于是付钱让人睡觉做梦,好让他们慢慢观察研究。

此外,还有不少美差:

试防晒油:只需要涂上防晒油,躺在海边的阳光下,不时按规定动作翻身,好让阳光晒得均匀,然后就有人付钱给你。

品尝雪糕:每年品尝数以百计加仑的雪糕,然后对各种味道细加描述。

试玩具：一天八个小时玩儿玩具，看哪一种玩具最得孩子欢心。

游戏专家：受雇大玩特玩电脑游戏的新产品，然后接听并解答消费者的咨询。

游记撰稿者：有人给你钱让你到处旅行，找出世界上最不为人知的胜地，写出冒险式的游记。

灯塔管理员：如果你喜欢平静、安宁、毫无压力的工作环境，与大海为伴，这工作是最佳选择。

法拉力试车人：你可以在意大利名胜的郊区，以最高速度驾驶世界上数一数二的名贵跑车。

美食品尝：你操纵着五星级酒店餐厅的食物质量，各种各样的美食均须经过你的品尝，消费者才能享用。

邮轮伴舞：你可以乘坐豪华大邮轮在大海上游历，唯一的任务是与单身人士交际。

电视体育节目筛选：连续几小时看体育节目录像，负责选出精彩部分。

（据《海外星云》）

略读文章，看看下面的人可以找什么工作
(1) 喜欢到别人没去过的地方旅行的人。　　　　（　　　　）
(2) 喜欢吃各种美食的人。　　　　（　　　　）
(3) 喜欢看电视体育节目的人。　　　　（　　　　）
(4) 喜欢大海又不喜欢跟别人在一起的人。　　　　（　　　　）
(5) 喜欢开快车的人。　　　　（　　　　）

阅读2

"老房子着火"

忘了到底是谁，把老男人堕入情网形容为"老房子着火"，真是十分的形象。

前日去表妹家玩儿，表妹说起他们单位有位老先生很有趣。刚刚到他们单位时，他的太太常常跟人跳舞，不知怎么搞的，就跟另一个男人好了,于是就离了婚。老先生没了老婆,情绪十分低落,见我表妹和表妹夫一起去跳舞,就将表妹夫拉到一边,说你千万不要让你爱人和别的男人跳舞啊,要跳出乱子的呢!

不过即使再多的悲伤,也很快被时间冲淡了。老先生一个人住在一套大房子里,钱挣得不少,本人也有相当的文化,自然有好些女孩子上门做追求者。

老先生开始面有喜色,一段时间换一个女朋友。有一次还有一位女士,把整套厨房用具搬到老先生家,要和他一起生活。后来女士走了,厨具却留了下来。别人都说,是老先生的第二个春天又来了。老先生连上楼下楼都唱着歌,有一回表妹笑他:"你是老房子着火啊,小心烧得光光的呢!"老先生很不服气地说:"老?我才五十岁,人生的黄金时代才刚开始呢!"

我说,大概是老先生烧了老房子,又造了新房子。

(据黄茵《咸淡人生》)

选择正确答案

(1) "堕入情网"的意思是:
　　A. 被人抓住了　　　　　　B. 房子着火了
　　C. 爱上了别人　　　　　　D. 摔进一个网里

(2) 情绪"低落"是说:
　　A. 情绪一般　　　　　　　B. 情绪很不好
　　C. 情绪往下走　　　　　　D. 情绪有问题

(3) "即使再多的悲伤,也很快被时间冲淡了"的意思是:
　　A. 时间会使人们感到悲伤　　B. 时间不会使人们忘记悲伤
　　C. 时间会让人们慢慢忘记悲伤　D. 时间会很快使人们忘记悲伤

(4) 老先生觉得自己老吗?
　　A. 老　　　　B. 不老　　　　C. 他也不知道

(5) 作者对老先生的态度是:
　　A. 担心,怕他又受到伤害
　　B. 批评,因为他总是换女朋友
　　C. 嘲笑,因为他人老了,还谈恋爱
　　D. 为他高兴,因为他又开始了新生活

参考词语

1. 着火	zháohuǒ	（动）	发生火灾，又叫"失火"
2. 表妹	biǎomèi	（名）	母亲的兄弟姐妹或父亲的姐妹的女儿，年龄比自己小
3. 出乱子	chū luànzi		出麻烦

阅读 3

风　水

什么是风水？风水是人们在兴土动工，比如建房子、建桥、修坟墓时对地理环境的一种特殊的选择方法与认识系统。风水包括以下具体内涵：

首先，风水是选择环境的一种技术。这种技术本来是有实用性的，是古人总结出来的适应环境的经验。风水起源于古代人选择住处的需要，而生活在不同环境的人对居处的选择标准会有所不同，在哲学、宗教思想的影响下，慢慢加入了许多迷信的东西。

其次，风水又是一种文化观念。最初的风水是一种简单的适应环境的技术，后来，这种技术被认为具有影响人们以及后代命运的力量。因此，使用这种技术的人们就建立了一套解释系统，这个系统包括人类起源理论、死亡理论、祖先崇拜等。风水作为一种文化观念及理论形态，就这样形成了。

再次，风水也是中国古代地理选址与建筑布局的艺术。因此，无论风水对选择建筑地点和建筑方式有多少神秘或迷信的解释，实际上，按照风水要求建造的建筑常常非常高大、美观。我们只要参观一下保存下来的古代宫殿和陵园，就很容易感受到这一点。

（据刘晓明《风水与中国社会》）

1. 画出文中表示顺序和分类的标志词

2. 用三个词或词组说明什么是风水

参考词语

1. 内涵　　nèihán　　（名）　　概念的内容
2. 起源　　qǐyuán　　（动）　　开始发生
3. 迷信　　míxìn　　（名）　　盲目地信仰神仙鬼怪等
4. 观念　　guānniàn　（名）　　思想，意识

阅读 4

离婚率的增加

完形填空

看起来，离婚数字的增加似乎表明婚姻制度的失败，其实(1)。人们肯依照法律去办理离婚手续，一方面说明他们对婚姻本身的不满意，但也说明他们对婚姻制度的尊重，(2)他们没有必要离婚，就(3)一个想放假的学生肯去请假而不旷课一样。其实，(4)资料显示，大部分离婚的人都是婚姻制度的支持者，(5)他们都会再婚。在美国，再婚率随着离婚率增加了一倍。在香港，情况也很相似，而且他们再婚的时间与离婚的(6)相差不远，可见他们大部分仍是婚姻制度的支持者。

(1) A. 肯定　　B. 不可能　　C. 不一定　　D. 就是这样
(2) A. 然后　　B. 虽然　　　C. 然而　　　D. 不然
(3) A. 比如　　B. 如果　　　C. 好比　　　D. 比较
(4) A. 根据　　B. 虽然　　　C. 据说　　　D. 但是
(5) A. 所以　　B. 因为　　　C. 说明　　　D. 显示
(6) A. 地点　　B. 比率　　　C. 时间　　　D. 时候

第三十九课

一、技　能

抓标志词之四:原因与信息来源依据

热身活动

从以下标志词中找出合适的词语填到表格里

(与此)相反	即	相同的
…的缘故	简而言之	也就是说
…故(此)…	接着	一言以蔽之
…时(候)	结果	以后
…原因是(有)	举一个例子	以前
比如	具体地说	以致
表面上…其实…	据	因此
不过	开始	因为…(所以)…
此外	可见	由此看来
打一个比方	可是	由于…
但(是)	例如	再次
第二	另一方面	这样
第三	其次	正如…所说的
第一	前面已经提到…	之所以…,是因为/由于…
而	却	只是
反过来	然而	致使
反面	然后	总而言之
根据	如	总之
跟/与…一样…	首先	综上所述
好比	虽然…但是…	最后
好像	同时	同样的
换句话说	相对来说	

原　　因	信息来源/依据

以上两类标志词指示出段落中某些观点或内容的原因和来历。表示原因的标志词通常就是表示因果关系的关联词,但在文章段落中出现的、作为标志词的关联词不但连接分句,而且连接不同的句子,甚至是段落。表示来源根据的标志词不多,比较容易被辨认出来。

表示原因的标志词有:"因为……(所以)……"、"因此"、"由于……"、"……原因是(有)……"、"之所以……,是由于……"、"……故(此)……,……的缘故"、"以致"、"致使"、"由此看来"等等。表示来源和依据的标志词有:"据"、"根据"、"正如……所说的"、"前面已经提到……"等等。

练习

1. 查读下文,找出表示原因和信息来源/依据的标志词

在赵树理有关婚姻家庭问题的作品中,我们不难发现作者有意或无意地回避了男性和女性之间的矛盾,这不仅使他的作品简单化,更重要的是反映了作者没有认识到父系文化对妇女的压迫。

在男性中心社会,女性只能生活在家庭这个小小的范围里,没有向外发展的机会,所以出现了很多问题,例如婆婆和媳妇的矛盾,常常是由于两代女性争取生存空间和依靠而产生的,而作为她们生活中心的同一个男人(婆婆的儿子、媳妇的丈夫)可能是引起矛盾和解决矛盾的关键人物。所以,在写婆婆和媳妇的同时,还要写与她们有关的男性,这样,读者才能掌握问题的关键。赵树理却没有这样写作。在他的反映婆婆和媳妇矛盾的作品中,是没有这些男性的。

而另一方面,在他的作品中,媳妇们最后之所以能战胜婆婆,是由于得到另外一些代表了政治力量的男人的帮助和支持。从这个方面看,他的作品中又是有男性的,而且是非常有力量的男性,他们可以进入任何家庭,解决任何矛盾,解放任何妇女。

前面已经提到,赵树理强调政治力量是有根据的。然而,妇女解放的另外一个重要因素——女性意识的觉醒,却没有得到他的注意,故此,赵树理笔下的妇女是苍白无力的,读者无法感受到她们的悲伤和欢乐。

(据陈顺馨《中国当代文学的叙事与性别》)

2. 根据表格左边的句子完成右边的句子

• 在男性中心社会,女性只能生活在家庭这个小小的范围里,没有向外发展的机会, • 所以 • 出现了很多问题。	• 女性之所以在男性中心社会里遇到了很多问题, • 是因为
• 婆婆和媳妇的矛盾,常常 • 是由于 • 两代女性争取生存空间和依靠而产生的。	• 婆婆和媳妇都要争取生存空间和依靠, • 因此,
• 在他的作品中,媳妇们最后之所以能战胜婆婆, • 是由于 • 得到另外一些代表了政治力量的男人的帮助和支持。	• 由于 • 媳妇们最后能够战胜婆婆。
• 女性意识的觉醒,没有得到他的注意, • 故此 • 赵树理笔下的妇女是苍白无力的。	• 由于 • 所以说赵树理笔下的妇女是苍白无力的。

3. 再读上文,判断对错
( )(1)婆婆和媳妇的矛盾是妇女遇到的问题之一。
( )(2)赵树理作品中的婆媳矛盾是跟儿子/丈夫没关系的。
( )(3)赵树理作品中的婆媳矛盾是依靠儿子/丈夫来解决的。
( )(4)赵树理没注意女性意识的觉醒。

4. 回答问题:在这篇文章的前面部分可能写到了什么?

二、阅读训练

阅读 1

生或者死

有两个女人,都很年轻,都得了癌症。一个女人很可怜,她的丈夫知道她得了癌症之后,就跟她离了婚,还带走了她唯一的儿子。另一个女人却幸运得多,她的丈夫常去看她,给她带去各种营养品和食物,她也有一个很小的孩子,有时丈夫也会把孩子带去看她,一家人很高兴。

得癌症的人要做化疗,要掉很多头发。可怜的女人头发掉得很多很难看,但每一次化疗,她都非常准时,治疗的任何一个程序,她都非常认真地完成。而那个幸运的女人却显得满不在乎,医生告诉她说:"不好好治疗会死的。"可是她说:"我这病治不好的,我活不了很久。"说话的时候,她也不悲伤。

结果,那个可怜的女人活了下来,出院了;而那个幸运的女人却死了,死的时候,她头上的头发还很浓密。这不是很奇怪吗?幸运的女人怎么会不想活下去呢?另一个失去了丈夫和孩子的女人反而坚持了下来。这种事情,肯定是要活的那个就活下来。也许,那个可怜的女人想:我已经失去了丈夫,又失去了孩子,我不能够再失去我的生命。

(据黄茵《闲着也是闲着》)

简单写出两个女人相同和不同的地方

	相同点	不同点
1.	年纪:	婚姻:
2.	身体:	孩子:
3.	婚姻:	对治疗的态度:
4.	孩子:	头发:
5.		结果:

参考词语

1. 化疗　　huàliáo　　　　（名）　化学治疗法，一般常用来治疗癌症
2. 满不在乎　mǎnbúzàihu　　　　一点儿也不担心，不在意
3. 浓密　　nóngmì　　　　（形）　很多很密

阅读 2

纳粹集中营里的食谱

1969年某天，住在纽约的老妇人安妮终于收到了她母亲米娜·派契特留给她的一个包裹。二十五年前，米娜不幸死于纳粹（Nazi）的特利辛集中营（Concentration Camp）。安妮打开了母亲留下的包裹，但她不忍心细看，她保存了将近十年才再拿出来仔细看。里面有一些母亲写的信和诗，还有一本破旧的、用针线缝起来的手写的书。这是一本食谱，每一页都记录了一道菜或点心的做法，总共八十二页，是米娜和集中营里的女伴们合写的。

现在这本食谱已出版，书名为《纪念厨房：特利辛集中营妇女的遗作》。当然，这本书绝不是一本普通的、教人做卷饼和蛋糕的教材。

这群妇女在被抓进集中营之前，烹饪是她们最拿手的技艺，她们对家庭的爱让她们日复一日地煮饭、烧菜和尝味……她们的手艺越来越精，做出来的食品美味无比。在她们写这本食谱的时候，笔下的美食只是幻想。但是她们把它写下来，表示她们对世界的未来仍抱有希望，相信她们的儿女能拿到这些食谱，做出同样美味的食物。她们为这本食谱取了一个简单的名字——《厨房》，表明她们对纳粹主义最有力的抗议。

《纪念厨房》的编辑卡拉德西瓦女士在书的前言中写道：特利辛集中营的妇女不是唯一在集中营里收集食谱的"犯人"。虽然集中营里每天吃土豆皮，但"犯人"们还是互相交换她们拿手的、喜爱的食谱。这群集中营里的"厨师"找不到足够的纸，就把食谱写在纳粹的宣传材料上。在希特勒肖像四周的空白部分，写满了肉卷和蔬菜的做法。

米娜1942年被送进集中营时已经七十岁了。进营的前三年,女儿安妮求她与自己一起逃走,但是米娜拒绝了,她不相信纳粹会为难一个老太太。

(据《海外星云》)

选择正确答案

(1) 安妮的母亲是什么时候去世的?
    A. 1969 年   B. 1944 年
    C. 1925 年   D. 1979 年

(2) 米娜留下来的书是:
    A. 手写的   B. 用针线装订的
    C. 用胶水粘起来的   D. A 和 B

(3) 为什么说这本食谱不普通?
    A. 文章里没说   B. 因为它是手写的
    C. 文章第三段说明了   D. 文章第四段说明了

(4) "日复一日"的意思是:
    A. 每天   B. 很多日子
    C. 一天又一天   D. 每天都是一样的

(5) 米娜没有逃走是因为:
    A. 她相信纳粹
    B. 她不相信安娜
    C. 她认为纳粹不会找一个老人的麻烦
    D. 她觉得逃跑对于一个老人来说太困难了

(6) 这篇文章的主词是:
    A. 食谱   B. 厨房
    C. 米娜   D. 纳粹集中营

参考词语

1. 食谱	shípǔ	(名)	介绍饭菜等制作方法的书
2. 忍心	rěnxīn	(动)	能硬着心肠(做不忍做的事)
3. 遗作	yízuò	(名)	死去的人留下的作品
4. 抗议	kàngyì	(动)	对人、团体或国家的言论、行为等表示强烈的反对

5. 犯人	fànrén	（名）	因为犯了罪而被关起来的人
6. 宣传	xuānchuán	（动）	讲解说明，使别人相信并且跟着行动
7. 为难	wéinán	（动）	做一些事情使人感到麻烦、难办

阅读 3

两只鼻孔

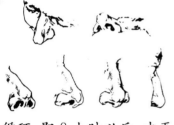

人们在正常呼吸时，并不是同时使用两只鼻孔的，而是轮流地使用，就是说用完一个再用一个。这在医学上叫"鼻循环"。鼻循环的周期为 2.5～4 小时，而且年纪越大，周期越长。有的人 8 个小时才完成一次循环，即 8 小时以后，才再次使用同一个鼻孔。左右鼻孔的呼吸对人身体的影响不同。用右鼻孔呼吸时，大脑容易兴奋，神经比较紧张，因此，当人们要进行紧张的工作时，往往用右鼻孔呼吸；而左鼻孔则相反，在轻松、安静的时候，常用左鼻孔呼吸。

目前，科学家正在研究如何把左右鼻孔呼吸的不同作用应用于医疗上。

（据《读者》）

选择正确答案

(1) "鼻循环的周期"是指：
　　A. 用左鼻孔呼吸的时间　　　　B. 用右鼻孔呼吸的时间
　　C. 上一次和下一次使用左鼻孔呼吸之间的时间

(2) 人兴奋时常常使用：
　　A. 左鼻孔呼吸　　　　　　　　B. 右鼻孔呼吸
　　C. 两只鼻孔同时呼吸

(3) 一个人睡觉的时候，可能常常用：
　　A. 左鼻孔呼吸　　　　　　　　B. 右鼻孔呼吸
　　C. 两只鼻孔同时呼吸

参考词语

循环　　xúnhuán　（名、动）　事物从开始到结束,又从结束到开始的不停变化和运动

阅读 4

幽默两则

完形填空

　　查理到电影院看电影。电影开始不久,(　　)在他旁边的小偷把手伸进了他的口袋,他马上发现了:"你干什么?"那个(　　)说:"对不起,我想拿自己的手绢,可是我的手伸错了(　　)。"查理回答:"没关系。"

　　(　　)了一会儿,"啪"的一声,小偷被重重地打了一巴掌。

　　"对不起,我想打我脸上的蚊子,(　　)我的手打错了脸。"查理说。

　　一百年前,一个长得非常(　　)的姑娘问一个(　　):"听说,人都是猴子变的,难道我也是猴子(　　)吗?"

　　科学家说:"是的,(　　),你不是一般的猴子变的,你是一只很美丽的猴子变的。"

第四十课

一、技　能

抓标志词之五：转折—对比（比较）

热身活动

从以下标志词中找出合适的词语填到表格里

（与此）相反	即	相同的
…的缘故	简而言之	也就是说
…故（此）…	接着	一言以蔽之
…时（候）	结果	以后
…原因是（有）	举一个例子	以前
比如	具体地说	以致
表面上…其实…	据	因此
不过	开始	因为…（所以）…
此外	可见	由此看来
打一个比方	可是	由于…
但（是）	例如	再次
第二	另一方面	这样
第三	其次	正如…所说的
第一	前面已经提到…	之所以…，是因为/由于…
而	却	只是
反过来	然而	致使
反面	然后	总而言之
根据	如	总之
跟/与…一样…	首先	综上所述
好比	虽然…但是…	最后
好像	同时	同样的
换句话说	相对来说	

71

转　　折	对比(比较)

当读者遇到这两类标志词时，就要特别注意了：因为以前你从文段中接受的观点和内容将要有一个很大的变化，而那些变化了的观点和内容可能才是作者真正的主要观点，是作者想要表述的重要内容。当然实际情况也可能正好相反。

这类标志词帮助读者把相反的、不同的观点与内容明白地区分开来。在它们的指示下，读者能够比较容易地追随作者思路的转变和内容的变化。

表示转折的标志词有："但(是)"、"可是"、"不过"、"而"、"然而"、"只是"、"虽然……但是……"、"却"等等。表示对比的标志词有："另一方面"、"(与此)相反"、"表面上……其实……"、"反过来"、"反面"、"相对来说"等等。

练习

1. 找出表示转折—对比的标志词，并讨论后面的部分可能讲什么

(1)

中国古代的文化制度曾经对亚洲的一些国家产生较大的影响，如历史上的日本、高丽、越南等国家；然而，近代的中国，(　　　　　　　　　　　　　　)。

(2)

古代的中国人相信：人的姓名如果与不吉利的词语发音相似，就会因此招来灾祸。清朝有一个人名叫范鸣琼，他参加朝廷举办的最高级的考试，得了第十名。可是，用当时的普通话读他的名字，听起来很像"万民穷"。所以，当官员们向皇帝报告考试情况时，皇帝听到他的名字很不高兴，就把他除了名。

相反，(　　　　　　　　　　　　　　　　　　　　　　　　　　)。
例如，清朝有一个人叫王寿彭，就因为他的好名字得到皇帝的喜爱而当了大官。

皇帝们常常比一般的人更讲究名字的好坏：一方面是他们更讲究遵循传统；另一方面是他们有意利用这一传统来强化对人民的控制。

2. 填标志词

中国民间信仰与道教、佛教保持着某种联系，(　　　　　　)绝没有向这些宗教发展

的可能。中国民间信仰,将永远是"过去式"的古老信仰的遗留物。

（　　　　　）,要注意的是,这种古老信仰的遗留物,一方面被某些人看做是应该被抛弃的东西,（　　　　　）,它又对中国民间文化有着重大的影响。

中国民间信仰,从来没有得到官方正式的承认。（　　　　　）它却从来也没有失去其自发、自然、自在的本色。

二、阅读训练

阅读 1

金　　融

金融,原意是说用钱来办某事。所以,钱是这里的关键词。用钱来做事,这是金融做动词的意义。但是钱本身不是金融,至少不是金融市场里说的"金融"。金融市场里的金融必须是债务的买卖关系。例如,我向张三借了一千元,写了一张借据,保证某年某月还钱。张三就成了我的债权人,有权利要我还债。但是,如果故事到这里就结束了,也就没有金融市场了,故事还要继续下去。一天,张三需要钱,就把债权卖给李四,收取一笔现金。债权可以买卖,使张三可以把债权当做一种钱,因为它跟钱一样可以流通。在我的债务到期之前,李四还可以继续卖给其他人,收取现金。在这样一个过程里,我开的借据就变成了"金融",或曰其正式的名称:金融工具。金融市场就是有许许多多金融工具在那里买卖的市场。

（据汪丁丁《金融热种种》）

选择正确答案

(1) 为什么说"金融"可以被当做是一种钱?

　　A. 因为金融的原意就是用钱来办事

　　B. 因为金融可以买卖,在市场上流通

　　C. 因为"我"、张三和李四都这么认为

(2) 下列说法哪个是错的?
　　A. "我"借钱给他,所以"我"是债权人
　　B. 债权就是要人还债的权利
　　C. 他借了"我"的钱,所以他有债权
(3) "债务到期之前"的意思是:
　　A. 还钱之前　　　B. 收钱之前　　　C. 买卖之前
(4) 金融是什么?
　　A. 用钱做事　　　B. 金钱的买卖　　　C. 债务的买卖

参考词语

1. 金融　　jīnróng　　（名）　　指货币、贷款、证券交易等经济活动
2. 借据　　jièjù　　　（名）　　借别人的钱或物品时写的字条,由出借人保存
3. 现金　　xiànjīn　　（名）　　现款
4. 流通　　liútōng　　（动）　　指商品、货币流转

阅读 2

战争与梦想

1945年,第二次世界大战结束以后,人们在某犹太人聚居区发现了一个孩子写的诗句:很长很长时间以后,我会再好起来。那时我会愿意活着,我还要再回家去。

后来,人们把这几句诗歌刻在华盛顿一个纪念馆的门口。每天,来自世界各地的人读到它,就怀念起那个在战争中仍然保有梦想的孩子。

1995年7月,美国《纽约时报》有一则消息,报道了在贝尔格莱德有一个四处躲藏、不愿意参加战争的二十八岁的男性难民,他不愿意因为参加战争而杀人或被杀。这位不愿意说出姓名的男人说:"现在,我有几个行动原则:我在公共汽车上的时候都非常小心,我总是不靠近那些大热天还穿外衣的人,因为便衣警察用外衣来遮着手枪、无线电报话机等东西;我从来不去难民聚集的地方;我也从来不去看电影。警察抓着我,就要把我送到不是要我杀人就是被人杀的地方。他们想让我回

老家去,可我并不是回去保卫祖国。在我看来,现在保卫人民的真正利益的方法就是当逃兵。"

半个世纪过去了,战争仍然是那么强大,个人的生命仍然是这样弱小。那个男人对记者说的话显示出在今天的世界里,坚持基本人性仍然是件不容易的事;而那个男孩的诗句对很多人来说,仍然是一个梦想。

(据丁泽《华盛顿:花落花开》)

回答问题
(1) 写诗的男孩是什么人?
(2) 为什么那个男人不愿意当兵?
(3) 今年那个男人的年纪是多大?
(4) 天气热了,便衣警察为什么还要穿外套?
(5) 那个男人认为在他看来保卫祖国和人民的方法是什么?
(6) 作者的主要观点是什么?在哪一段出现?

参考词语

1.	躲藏	duǒcáng	(动)	躲起来不让别人找到
2.	便衣	biànyī	(名)	平常穿着的衣服
3.	逃兵	táobīng	(名)	从军队里逃出来的士兵或不愿意当兵的人
4.	人性	rénxìng	(名)	人的本性

阅读 3

中国学生为什么数学好?

中国学生为什么数学好?一位英国小学的校长发现,在他的学校里,来自中国的学生的数学成绩比英国的学生要好得多。为此,他来中国参观了一些学校,想找出原因。

他发现中国对十岁以下的儿童的教育方法比英国严格,从而使学生取得比英国学生更好的成绩。

他还认为,可能是由于汉字非常难学而使中国学生对数学充满信心。学习汉语是一个非常复杂的过程,英国儿童只需要学会二十六个英文字母,而中国儿童到十岁的时候必须至少学会两千个汉字。

不得使用计算器,也是使中国小学生的计算能力较强的原因之一。

教学水平的差别并不是由一个班里学生人数的多少决定的。中国学校每个班通常有四十个学生,比英国学校多一倍。课时的安排与英国差不多,因此,成绩的差别也不是课时多少造成的。

这位校长的研究还在继续,他说中国学生数学成绩出色也许有遗传方面的原因,但他相信他的研究将证明文化方面的原因是最主要的。

(据《海外星云》)

指出哪些是中国小学生数学成绩好的原因

(1) 学习汉字很困难　　(2) 不能使用计算器　　(3) 学习英文字母
(4) 班里的人数多　　　(5) 天生的数学能力　　(6) 上课的时间特别长
(7) 老师对学生比较严格

备考词语

1. 计算器　　jìsuànqì　　(名)　小型计算机器
2. 遗传　　　yíchuán　　　(名)　生物体的构造和功能由上一代传给下一代

阅读 4

微 波 炉

完形填空

微波炉(microwave oven),是深受城市人欢迎的烹调工具。(1)有份调查报告指出,微波炉放出的电磁场,会令人不安。

(2),一些新婚的小夫妻,最喜欢用微波炉,喜欢它又方便又快捷,(3)很多时候,这些夫妻会在厨房里争吵。

(4)科学家的研究,这是因为微波炉的电磁线对人体和大脑有不良的影响,能令人生气或情绪低落。假如每日都用微波炉,这种影响就更大。

（5），科学家建议少用微波炉,而且在使用微波炉的时候,不要在它旁边讨论问题。

(1) A. 例如　　　B. 不过　　　C. 就是说　　　D. 其次
(2) A. 但是　　　B. 好像　　　C. 此外　　　　D. 例如
(3) A. 但　　　　B. 却　　　　C. 故　　　　　D. 即
(4) A. 这样　　　B. 但是　　　C. 根据　　　　D. 最后
(5) A. 最后　　　B. 所以　　　C. 因为　　　　D. 根据

第四十一课

一、技　能

抓标志词之六：结论与概括

热身活动

从以下标志词中找出合适的词语填到表格里

（与此）相反	即	相同的
…的缘故	简而言之	也就是说
…故（此）…	接着	一言以蔽之
…时（候）	结果	以后
…原因是（有）	举一个例子	以前
比如	具体地说	以致
表面上…其实…	据	因此
不过	开始	因为…（所以）…
此外	可见	由此看来
打一个比方	可是	由于…
但（是）	例如	再次
第二	另一方面	这样
第三	其次	正如…所说的
第一	前面已经提到…	之所以…，是因为/由于
而	却	只是
反过来	然而	致使
反面	然后	总而言之
根据	如	总之
跟/与…一样…	首先	综上所述
好比	虽然…但是…	最后
好像	同时	同样的
换句话说	相对来说	

结论与概括

表示结论与概括的标志词一般位于段落或文章快要结尾的地方。当读者看到这类标志词时,有必要放慢阅读速度,因为这类词语后面一般都是总结或归纳文章的主要观点或最重要的内容、信息的句子。

这类标志词主要有:"总而言之"、"总之"、"综上所述"、"简而言之"、"一言以蔽之"、"可见"、"由此看来"、"这样"、"结果"等等。

练习

1. 画出以下两段话中表示结论和概括的标志词并回答问题

(1) 由此看来,这种混合语(汉语中有一个或几个英语单词)可以说是中国近年来增强与西方世界友好往来、加快发展本国经济的一种结果。它不仅表明国内社会经济的迅速发展,而且还反映出中国人对外来文化态度的深刻变化。

根据这一段的总结,我们可以看出:① 文章是介绍什么的?它表明了什么? ② 现在中国人对外来文化的态度是怎样的?以前又是怎样的?

(2) 狮子形象的中国化,从引进、归化到创新,经历了很长的过程,凝聚了许多人的心血。变化后的中国狮子,独立于世界艺术之林,真是中华一绝。简而言之,狮子形象之所以大放异彩,完全是由于输入中国文化的血液,既使之保存了自然界里狮子的威武气派,又赋予它祥和的面貌。

根据这一段的总结回答:中国以前有狮子吗?这里说的中国狮子是真的狮子吗?

2. 读以下这句总结,并根据总结回答问题

总之,这些域外文化方言区里的文化是多元性的,这主要包括汉族传统文化、地方文化以及外来文化三方面。

前面的文章分别讲了几方面的内容?分别是什么?

3. 以下段落是练习2总结句的前面部分,阅读后回答问题

这些地区受外来文化的影响很深。这种外来文化的影响当然与这些地区的殖民地

历史密切相关。中国台湾受日本文化的影响较深,中国香港和新加坡受英国文化的影响较深刻、广泛。这种外来文化的影响表现在许多方面。除此,有些地区还受当地土著居民文化的影响,如新加坡便有许多文化现象源自马来族文化。

这一段前面还有什么内容?

4. 选择标志词填空

英国的企鹅出版社在成立六十五周年之际实行了一个计划。这个计划说起来并没有什么奇怪的,(　　)它与"企鹅"的传统相当一致,每本定价六十便士,(　　)当它一次出版六十本书时,便造成了惊人的效果。

这六十本书所选的作者、作品有新有旧,远的(　　)坎特伯雷、莎士比亚故事选集,近的则有史蒂芬·金的小说。(　　),在不同的国家所选的六十本书各有不同。(　　)了解,这套书推出后,约有二十本都打进了英国的畅销书榜。(　　),企鹅决定另外推出新的六十本书。

(　　),运用低价格的魅力是一个可能具有普遍性的成功经验。

标志词总结

标志词的意义	标志词
前后意义相同	即、换句话说、同样的、与(跟)…一样/相似…、也就是说、相同的、具体地说
举例子	例如、比如、举一个例子、如
比喻	好像、打一个比方、好比
顺序	首先、其次、再次、最后;开始、接着、然后;…以前、…以后、…时(候)、同时
分类	第一、第二、第三;此外 (相同结构的短语)
原因与结果	因为…(所以)…、因此、由于…、原因是(有)、之所以…是由于…、…故(此)…、…的缘故、以致、致使
信息来源	据、根据、正如…所说的、前面已经提到…
转折	但(是)、可是、不过、而、然而、只是、却、虽然…但是…
对比	另一方面、(与此)相反、表面上…其实…、反过来、反面、相对来说
结论/概括	总而言之、总之、综上所述、简而言之、一言以蔽之、可见、由此看来、这样、结果

二、阅读训练

阅读 1

两个同学一组,一个读第一段,另一个读第二段,然后完成阅读任务

卷　柏

　　南美洲有一种奇特的植物:卷柏。说它奇特,是因为它会走。为什么植物会走呢?是因为生存的需要。卷柏的生存需要充足的水分,当水分不充足的时候,它就会自己把根从土壤里拔出来,让整个身体蜷缩成圆球状,由于体轻,只要有一点儿风,它就会随风在地面上滚动。一旦滚到水分充足的地方,圆球就会迅速打开,根重新扎到土壤里,生存下来。有人说,卷柏的这种游走在不断地给生存创造好环境。可卷柏的这种游走也常使它丢了性命,游走的卷柏有的被风吹起挂在树上,渐渐枯死,有的行在路上会被车压扁,淘气的孩子甚至会把几株卷柏合在一起当球踢。这些卷柏终逃脱不了死亡命运。

　　那么卷柏不走就生存不了吗?为此,一个植物学家做了一个这样的实验:用挡板圈出一块空地。把一株游走的卷柏放进空地中水分最充足的地方。不久,卷柏就扎根生存下来。几天后,当这处空地水分减少的时候,卷柏便拔出根,卷起身子准备换地方。可实验者把一切可能使它移走的条件都隔绝了,卷柏无论怎样,就是走不出去。不久,实验者看到了一个可笑的现象,卷柏又重新扎根生存在那里,而且在几次将根拔出、几次都动不了的情况下,便再也不动了。实验还发现,此时卷柏的根已经深深地扎入泥土,而且长得比任何一段时间都好,可能是它发现了扎根越深,水分就越充足。

(据程刚《人力资源开发》)

1. 阅读任务 1

读第一段的同学介绍卷柏的奇特之处,读第二段的同学介绍关于卷柏的试验。

2. 阅读任务2

两位同学讨论一下:卷柏的特性和实验对于我们的生活有什么启发?

现在请大家一起阅读文章的最后一段

　　生活中,我们许多人像卷柏一样,为了寻找好一个好工作,频繁地跳槽。其实,要找到最适合自己的工作,并不容易。在这种情况下,学会适应,也许就是生存最基本、最重要的本领了,文中实验的卷柏不就是最好的例子吗?

参考词语

1. 奇特　　qítè　　　　(形)　　不平常,特别
2. 生存　　shēngcún　　(动)　　保存生命,活在世上
3. 拔　　　bá　　　　　(动)　　抽,拉
4. 蜷缩　　quánsuō　　 (动)　　卷曲而收缩
5. 扎　　　zhā　　　　 (动)　　使东西固定下来
6. 隔绝　　géjué　　　 (动)　　分隔,断绝,与一些人或者事物永远没有关系
7. 频繁　　pínfán　　　(形)　　发生次数很多
8. 跳槽　　tiàocáo　　 (动)　　比喻一个人离开了自己所干的工作,接受另一个更好的工作
9. 本领　　běnlǐng　　 (名)　　一个人的才华

阅读2

毕业前后

　　临毕业,全班同学在教室聚餐。吃完了,大家请小波讲故事,他眯着眼一个劲儿地摇头。同学四年,大家都很随便,于是不肯放过他。小波无法,只好勉强睁开眼睛,嘴里吐出两个字来:从前——

　　大家一听故事开始了,马上安静下来。只听小波说:从前有一个会法术的女人,很是刁钻,经常在家里欺负老公和儿子,逼老公和儿子干

这干那。他们一有意见,她立刻用法术把老公和儿子变成羊。

小波接着往下讲:那老公实在气不过,就和朋友商量了一个法子。一天老公故意激怒了老婆,老婆又用法术把老公和儿子变成了一大一小两只羊。预先埋伏在门外的朋友这时走了进来,假装惊喜地看着这两只羊说:还不把它们宰了吃? 说着抓起两只羊就往外走。老婆这回可真的着急了,赶紧大叫:"留小羊,留小羊,小羊是我儿!"

小波讲到这里忽然闭住了嘴。大家愣了一下,才明白过来,一起哈哈大笑:原来小波用我的名字的谐音"骂"我呢!如此的机智,让我挨了骂都生不出气来,还得跟着大伙一起开怀大笑。

毕业后我在酒厂工作。小波去了人民大学分校。不久,我们俩的夫人都出国留学去了,我们又重新过起了光棍汉的日子。我得坐班,小波当老师不用坐班,就不时来厂里找我,有时还顺便在浴室里洗个澡。后来我办公室的同事全都认识他了。这种日子整整过了两年,我们俩才双双出国去寻找老婆。

(据刘晓阳《浪漫骑士——记忆王小波》)

1. 选择正确答案

(1) 下面哪种说法是正确的?

    A. 小波不会讲故事   B. 小波和作者是好朋友

    C. 小波不喜欢作者,所以骂他   D. 作者和小波是同班同学,但不是朋友

(2) 下面是几个生词的解释,哪一个不对?

    A. "宰"是杀死的意思   B. "谐音"是字音相同的意思

    C. "聚餐"是一起吃饭的意思   D. "光棍汉"是很穷的男人的意思

2. 回答问题

为什么说小波骂了刘晓阳? 是真的骂吗?

参考词语

1. 勉强	miǎnqiǎng	(形)	不愿意做
2. 刁钻	diāozuān	(形)	狡猾、奸诈
3. 欺负	qīfu	(动)	用蛮横无理的手段侵犯、压迫或侮辱
4. 激怒	jīnù	(动)	使生气
5. 埋伏	máifú	(动)	有目的有计划地藏在一个地方

6. 愣	lèng	（形）	呆
7. 机智	jīzhì	（形）	聪明，反应快
8. 坐班	zuòbān	（动）	每天按照固定的时间上下班

阅读 3

宋代龙泉青瓷

宋代的民窑大量制作青瓷，其中浙江龙泉窑的青瓷是民窑中釉色最为成功的作品。

龙泉地区制作青瓷已经有很长的历史了，宋代达到了很高的水平，同时，由于可以出口到海外，龙泉青瓷的产量也非常大。

龙泉青瓷最突出的特色是它特别的、美丽的青绿釉色，中国人有把青瓷比做玉的习惯，翠玉的颜色只能在龙泉青瓷中才得到完美体现，而这种体现又是建立在民间瓷窑工人高超的技术和丰富的经验之上。

龙泉青瓷中有一种被称为"粉青"的品种，使用的是较稠较厚的石灰碱釉，在还原焰的高温下它不易流动，釉层里的空气就以各种微小的气泡形式保存在色釉之中，正是这些无数的小气泡使粉青在光线照射下，显示出翠玉的美丽。

粉青瓷的烧成温度大约在1150℃左右，还有一种梅子青瓷的烧成温度更高，达1250℃～1280℃之间，是龙泉青瓷的另一个有名品种。它们不但是民窑中青瓷的代表产品，也是宋代青瓷的典范，展示着宋瓷独特的风格和宋代制瓷的杰出成就。

注：古代中国的瓷窑分官窑和民窑，民窑是民间私人经营的瓷窑，官窑是政府拥有的瓷窑。

（据刘道广《中国民间美术发展史》）

根据课文填空

(1) 龙泉是中国(　　　)省的一个地方。

(2) 龙泉青瓷是(　　　)代最有名的青瓷。

(3) 宋代之前，民窑已经大量制作(　　　)了。

(4) 有名的龙泉青瓷有（　　　）和（　　　）两个品种。
(5) （　　　）色的龙泉青瓷像（　　　）一样美丽。
(6) 因为釉层中有无数的（　　　），粉青才那么美丽。
(7) 龙泉青瓷的产量很高,因为它们不但在中国出售,也在（　　　）出售。
(8) 龙泉的制瓷工人有高超的（　　　）和丰富的（　　　）。

备考词语

1. 釉　　yòu　　（名）　　以石英等为原料,磨成粉末,加水调整而成的物质,涂在瓷器表面,烧制后使瓷器像玻璃一样光亮,并加强其机械强度和绝缘性能
2. 玉　　yù　　（名）　　一种宝石
3. 翠玉　　cuìyù　　（名）　　一种绿色的美玉
4. 瓷窑　　cíyáo　　（名）　　烧制瓷器的地方
5. 杰出　　jiéchū　　（形）　　非常优秀

阅读4

红颜色与红地毯

完形填空

　　红颜色一直和权力有关系。起先,古代罗马的将军与贵族常常穿着带有红色的衣服。（　　　）,红色成为帝王的颜色;（　　　）,教堂也选用了这个颜色。
　　（　　　）文献记载,最早走在红地毯上的是英国维多利亚女王,是1842年在伦敦火车站她进行第一次铁路旅行的（　　　）。之后,法国的拿破仑三世在19世纪末大力推广红地毯。从此,红地毯在全世界流行起来。
　　红地毯到底应该多长? 国际礼节（　　　）规定,完全依照距离需要而定。

第四十二课

单元复习

阅读 1

鸟类睡觉时总是把头向后转,并把嘴巴藏在翅膀中,但是从来不会把头埋进去。它们睡觉时,每隔一段时间就会睁一下眼,看看周围是否有危险,但这样睁眼并不影响鸟类的睡眠效果。

选择正确答案

(1) 鸟类睡觉时,会把什么埋进翅膀中?
 A. 头　　　　B. 眼睛　　　　C. 嘴巴　　　　D. A 和 C

(2) 这段短文介绍的主要内容是:
 A. 鸟类睡觉时的习惯
 B. 鸟类睡觉时头部的位置
 C. 因为鸟类睡觉时一直睁着眼睛,所以睡不好
 D. 虽然鸟类睡觉时过一段时间就要睁眼睛,但还是睡得很好

阅读 2

一般来说,一个人只能说出几种普通气味,但实际上人可以分辨出许多气味,只是难以用语言表达。如果事先知道气味的名称,那么一个人可以辨别八十多种气味。要是适当地给各种气味标上号码,就能辨别数百种气味。换句话说,鼻子"知道"的远比我们认识的多。

在察觉有没有气味上,女人的鼻子并不比男人的灵敏,但她们分辨不同气味的能力和对气味环境的意识确实要强一些。

选择正确答案

(1) 为什么我们只能说出几种气味的名字?
    A. 因为我们闻不出来　　　　B. 因为我们分辨不出来
    C. 因为我们的语言有问题　　D. 因为我们不知道其他气味的名称

(2) 如果把气味标上号码,我们能闻出多少种不同的气味?
    A. 几种　　B. 八十多种　　C. 几百种　　D. 不知道

(3) 第二段的主要观点是:
    A. 女人的鼻子比男人的灵敏　　B. 女人的鼻子比男人的功能多
    C. 女人的鼻子并不比男人灵敏　D. 女人的鼻子在某些方面比男人灵敏

(4) 在第一段的第几句有一个表示重复—补充的标志词?
    A. 第一句　　B. 第二句　　C. 第三句　　D. 第四句

参考词语

灵敏　　　língmǐn　　　(形)　　　反应快;对微小的刺激反应快

阅读3

　　从前的北京人习惯把已经出嫁的女儿称为"姑奶奶"。正月期间,"姑奶奶"是不能住在娘家的,初二到娘家拜了年也必须当天赶回婆家。尤其是新婚,正月里不能叫丈夫一个人过夜。但是二月初二,娘家的人就来接他们家的女儿(即"姑奶奶")回家,住十天二十天。所以有一句老话说:"二月二,接宝贝,接不来,掉眼泪儿。"因为接不来就可能是女儿在丈夫家出了什么事情,娘家的长辈一定要亲自到婆家询问。

选择正确答案

(1) "正月"应该是农历几月份?
    A. 十二月　　B. 一月　　C. 二月　　D. 三月

(2) 从前结婚后的妇女把丈夫家叫什么?
    A. 婆家　　B. 娘家　　C. 自己家　　D. 他家

参考词语

娘家　　niángjia　　（名）　已婚妇女父母的家

阅读 4

　　到现在为止,人类所知道的第一把小提琴是公元前 3000～4000 年间由印度人做的。它由一块椰子壳做成,绷着两根弦,用琴弓一拉,便能发出好听的声音。

　　人类经过不断的观察得出结论,自然界的声音都有音乐性,并且能用音乐把它们记录下来。过去人类经常记录的是鸟的叫声,但瀑布的声音都是 C 大调的三和弦,以不和谐的 F 低音为基调。贝多芬在他那有名的描绘大自然的《田园交响曲》中,就运用了这种乐调。据说,是一条流水淙淙的小溪使贝多芬写下了这样的调子。从此,这种乐调就成了音乐中专门用来描绘大自然的乐调了。

　　1924 年,小提琴手贾斯帕在美国演奏,奏出的音乐把身边放着的所有玻璃器具都震成了碎片。他整整练了五年,才取得这一次的成功。

　　1929 年,霍尔洛厄地区的一户农民家老鼠盛行。一到晚上,老鼠就在房间里跑来跑去,害得一家人都睡不着觉,老鼠还吃掉了许多食品和饲料。这时,他们想起了一个老鼠怕音乐的古老传说。于是,一名会拉手风琴的老人就在晚上拉了半小时手风琴。奇迹出现了,所有的老鼠都逃走了。这次"音乐会"是在夏天举行的,但一直到冬天,老鼠也没再来。

1. **在文章中找出有关词语**
   (1) 乐器:
   (2) 音乐家的名字:
   (3) 与音乐有关的专有名词:
   (4) 地名:

2. 选择正确答案
(1) 如果第一把小提琴还在,它已经有多少年历史了?
   A. 三四千年   B. 七千年   C. 五六千年   D. 一万年
(2) 早期的人类可能从哪里学习音乐?
   A. 贝多芬那里   B. 从大自然的声音中
   C. 从瀑布和小河的声音中   D. 短文没有提及

3. 回答问题
(1) 文章的主词是什么?
(2) 如果把文章分成两部分,你会怎么分?
(3) 每一部分的主要观点是什么?

参考词语

1. 弦   xián   (名)   乐器上发声的线
2. 弓   gōng   (名)   这里指拉提琴的人右手拿的物体
3. 和弦 héxián   (名)   音乐术语之一,指音响结构

阅读 5

母亲一生都在乡下,没有文化,不会说话。她不知道我在城里干什么,只知道我能写字,她说我写字的时候眼睛在不停地眨,就觉得我辛苦:"世上的字能写完?"于是就一次一次地阻止我。

前些年,母亲每次到城里小住,总是为我和孩子缝制过冬的衣服,棉花塞得极厚,总怕我们冻着,结果使我和孩子都穿得像狗熊一样笨拙。她过不惯城里的生活,嫌吃油太多,来人太多,客厅的灯不灭,东西一旧就扔。最不能忍受我打骂孩子,孩子不哭,她却哭,和我闹一场后就生气回乡下去。母亲每次高高兴兴来,但每一次都生了气回去。

母亲姓周,这是在一次偶然的机会知道的。十二岁那年,一次与同村的孩子骂仗——乡下骂仗以高声大叫对方父母名字最为解气。别人告诉我她父亲叫鱼,我骂她:"鱼,鱼,河里的鱼!"她就骂我:"娥,娥,小小的娥!"我才知道了我母亲是叫周小娥。

大人物之所以是大人物,是因为他们的名字被千万人呼喊过。母亲的名字我至今没有叫过,似乎也很少听见老家村子里的人叫过。母亲不是大人物却并不失其伟大,她的老实、本分、善良、勤劳在家乡受到所有人的称赞。现在有人嘲笑我是农民的儿子,我并不觉得羞耻,我就是农民的儿子。

选择正确答案

(1) 母亲"不会说话"是什么意思?
   A. 母亲是哑巴　　　　　　　　　　B. 母亲没有学会说话
   C. 母亲是个安静的人,不善于说话　　D. 母亲是乡下人,不会说城里的话

(2) 母亲为什么不让"我"写字?
   A. 因为她不会写字　　　　　　　　B. 她不喜欢看见"我"写字
   C. 她认为字是写不完的　　　　　　D. 她觉得"我"写字写得太辛苦

(3) "我"是怎么知道母亲的名字的?
   A. 舅舅告诉"我"的　　　　　　　　B. 母亲告诉"我"的
   C. 没有人不知道自己母亲的名字　　D. 跟同村的孩子吵架时知道的

(4) 关于母亲,下面哪种说法不对?
   A. 母亲非常爱孩子　　　　　　　　B. 母亲和我有矛盾
   C. 母亲是一个老实、勤劳的人　　　D. 母亲是个严格的人,常常教训我

参考词语

1. 眨　　　zhǎ　　　　（动）（眼睛）闭上马上又睁开
2. 大人物　dàrénwù　 （名）这里指重要的人物

阅读 6

完形填空

假设你参加一个有23人出席的聚会,有多大可能其中有两个人是同月同日(1)的?也许,你觉得这种可能性很小。(2),在23人中,有两个人生日相同和这些人生日全都不同这两种可能性是基本一样的。

人(3)多,生日相同的可能性就越大。(4)是30个人,这种可能性就大于70%;如果是50个人,可能性就大于97%!以后在有23人或更多人的场合,你自己也可以试一试。

(1) A. 生日　　　B. 出生　　　C. 参加　　　D. 出席
(2) A. 事实上　　B. 其实是　　C. 事实　　　D. 其实上
(3) A. 太　　　　B. 很　　　　C. 越　　　　D. 更
(4) A. 假设　　　B. 可是　　　C. 因为　　　D. 如果

阅读7

完形填空

他有一位朋友在车祸中受了重伤,他去看这位朋友,(1)听见他临死前的最后一句话:"告诉梅芳,我爱她。"说完,朋友就死去了。

他不知道梅芳是谁,也不知道去哪里找她。两年后,他在一个聚会上认识了梅芳,那时梅芳还在为死去的朋友伤心,他想对她说起朋友的临终遗言,(2)又怕增加她的伤心。终于把话吞了(3)。

十年后,他(4)遇见了梅芳,她已经是两个孩子的母亲了,他终于说出了朋友最后的遗言。梅芳轻轻叹了(5)气,微笑了。这时,他才忽然想起,这句话在他心里已经放了整整十二年。

(1) A. 但是　　　B. 正好　　　C. 没有　　　D. 可能
(2) A. 却　　　　B. 很　　　　C. 有点　　　D. 也许
(3) A. 出去　　　B. 出来　　　C. 回去　　　D. 回来
(4) A. 再　　　　B. 又　　　　C. 却　　　　D. 能
(5) A. 一次　　　B. 一下　　　C. 一口　　　D. 一叹

(本练习所有文章段落均据《读者》)

第四十三课

一、技　能

推测之一：推测

热身活动

1. 以下是一个故事的开头和结尾，3~4个同学一组，讨论一下在开头和结尾之间可能发生了什么，并根据小组讨论的结果把故事完整地写出来（100字以内，记住，下次上课的时候一定要把这个故事带来）

故事的开头：他被工友送进了医院。

故事的结尾：十二小时后，他死了。

2. 现在，把每个小组的故事比较一下，是不是都差不多？还是差别很大？为什么？如果差别很大，请大家分别选出一个最合理的故事和一个最不合理的故事

为什么大家能完成上面的任务呢？因为大家都能通过已知的开头和结尾对整个故事进行推测。推测是阅读的一种技巧，意思是根据前面读过的内容，推测出后面没有读过的内容；或者根据后面的内容，推测前面没读懂或略过了的内容。

推测是要有根据的。在热身活动中，我们可能发现各组推测出来的故事都差不多，这就是因为大家根据的都是同样的上下文和关于医院、抢救等相近的知识。如果有些故事跟别的故事差别很大，那么他们推测的根据一定与其他组很不一样；而大家选出来的那个最合理的故事，其根据一定是大家都认为最充分的。

在阅读中，推测能力强的读者比推测能力弱的读者理解得更多更快，所以，从本课开始，我们通过一些集中练习来锻炼我们的推测能力。

练习

1. 预测空格里的内容并把它们写出来

（1）她实在太爱他了，虽然他（　　　　　　　　　），她还是愿意等他。

（2）他被金庸武侠小说里的人物迷住了，小说人物哭，他（　　　　），小说人物笑，他（　　　　）。

（3）他小时候就喜欢冒险，经常偷偷地离开家到外边玩儿好几天，不但学校的老师不知道他去了哪里，就连（　　　　　）。

（4）荷兰人最喜欢郁金香，走遍荷兰，你会发现（　　　　　　　　　）。

2. 预测空格里的内容并写出来

狂欢（　　　　　）。第一个作用，对各种各样的紧张而言，它是一种释放。第二个作用，它还能引起人们对（　　　　　）的重新追求。这种自我克制在日常生活中是很重要的。

各种不同类型的人类群体都进行集体的狂欢，古希腊人有狂欢，中世纪的基督徒（　　　　　）。国家和社会不但不限制这种狂欢，而且常常对这种狂欢持支持的态度。

另外，还有一种（　　　　　）。这种狂欢与个人内心的平衡有关，但与集体的狂欢不同，这种狂欢受到（　　　　　）的限制。

二、阅读训练

阅读 1

生态环境继续恶化　黄河断流日甚一日

"君不见黄河之水天上来，奔流到海不复回。"古诗中描绘的这种壮观景象，由于黄河频繁出现的断流而逐渐成为过去。更令人忧虑的是，由于生态环境的继续恶化，黄河断流正日甚一日。

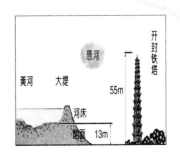

据介绍,从1972年开始,黄河下游出现断流。20世纪90年代以来更是年年断流,而且时间越来越早,历时越来越长,影响范围(　　　)。

黄河专家钱家骥、秦云全等认为:断流与生态恶化关系密切。黄河流域曾经拥有茂密的森林和广阔的草地,保证了河水的充足。但由于人类对自然的掠夺性开发,森林草地植被(　　　),风沙的危害越来越严重,光山秃岭随处可见,黄河流域干旱加重,结果是断流越来越厉害。由于泥沙在河道大量淤积,黄河下游成为"悬河",入海水道变得极不稳定,曾造成多次灾害。

与此同时,断流也使生态更为恶化:河流污染物全部沉积于河床,风沙危害加重,减少了地下水的补给等。

(据《北京晚报》)

1. 选择正确答案
(1) 根据文章可以知道,古代的黄河怎么样?
    A. 水量很大　　　　　　B. 有时断流
    C. 连接着天　　　　　　D. 流域没有草原
(2) 根据文章,下面哪句话不是真的?
    A. 断流使风沙的危害比以前严重了
    B. 黄河流域现在有许多没有植被的山
    C. 河道里有大量泥沙沉积,黄河下游成为"悬河"
    D. 黄河断流是生态恶化的结果,并不是生态恶化的原因
(3) 文章第二段和第三段的主要意思分别是:
    A. 黄河断流越来越严重;断流的原因
    B. 黄河断流的历史;自然开发太严重
    C. 黄河断流越来越严重;断流与风沙的关系
    D. 黄河断流的历史;断流与生态恶化联系密切

2. 根据上下文推测出空格的内容并填出来

3. 根据文章主要观点推测"日甚一日"的意思

参考词语

1. 断流　　duànliú　　(动)　　江河没有水了

2. 恶化　èhuà　　　（动）　变坏了
3. 流域　liúyù　　　（名）　一条河所流过的整个地区
4. 茂密　màomì　　　（形）　（树或草等）茂盛繁密，生长得很多很好
5. 掠夺　lüèduó　　（动）　抢夺
6. 开发　kāifā　　　（动）　以荒山、矿井、森林、水力等自然资源为对象进行劳动，来达到利用的目的
7. 植被　zhíbèi　　（名）　长在某一地区地面上、有一定密度的各种植物的总和
8. 秃　　tū　　　　（形）　光的，没有草木；也形容人的头上没有头发
9. 悬　　xuán　　　（动）　挂

阅读 2

中国钱币博物馆

钱币收藏家们都知道中国人民银行有一座中国钱币博物馆，那里的藏品令人羡慕不已。但这座博物馆没有对外开放，所以一般人不怎么知道。记者日前经申请得以进入参观。

走进中国钱币博物馆厚重的钢门，便进入了展厅，这里每个角落都在电子摄像机的监视之下，人们的一举一动都会显示在电视屏幕上。

我们首先看到了春秋战国时代从农具演变成的布币、从工具演变成的刀币、源于玉璧和纺轮的圆钱、从海贝演变来的蚁鼻钱。刀币、布币大者如巴掌，而小巧玲珑的蚁鼻钱仅指甲大小，上面还有文字。这一时期，许多小的诸侯国都用自己的钱币，所以货币的形状多种多样。秦始皇统一中国时，货币统一为方孔圆形的秦半两钱币，方孔左右分铸"半"、"两"二字，十分漂亮。

更为珍贵的是金银货币的展品。这里有春秋战国时期的银布币、唐代的金条、宋金牌、辽金片、明金锭银锭、清银饼银元、民国时期的袁大头等。新中国发行的金银纪念币在这里也全有收藏。

纸币与铜铁金属币相比，重量轻、便于携带，也是一项重要的展览内容。展馆里有宋代、元代的纸币，清代户部官票、大清宝钞、早期民族资本银行发行的钞票，新中国成立前被当做手纸的金圆券，新疆省银行

发行的60亿元面值的纸币,还有解放区的纸币、中国人民银行发行的纸币等。

用价值连城比喻中国钱币博物馆一点也不过分。由于它隶属中国人民银行,因而藏品的丰富和珍贵是其他地方性展馆或个人收藏家所远远不能比的。

(据《北京晚报》)

1. 根据第三段内容把以下图片里的钱币名称写出来

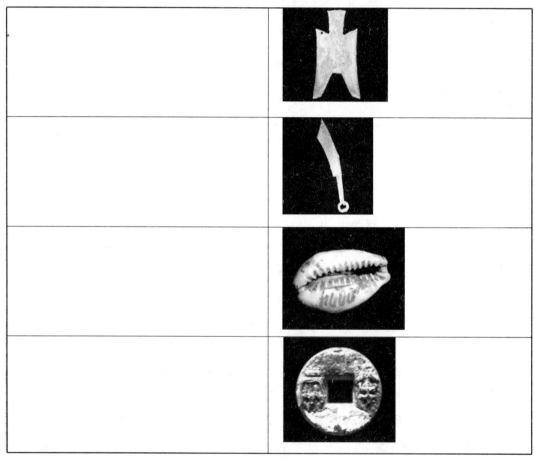

2. 找出文章里出现的中国朝代或历史时期的名称以及相应的钱币名称

参考词语

1. 摄像　　　　shèxiàng　　　　(动)　用摄像机(一种比照相机先进的电子拍摄设备,图像是连续活动的)拍摄

2. 监视	jiānshì	（动）	在旁边严密注视、观察
3. 小巧玲珑	xiǎoqiǎolínglóng		小而灵巧、精致
4. 锭	dìng	（名）	做成一块块的金属或药
5. 钞票	chāopiào	（名）	纸币
6. 手纸	shǒuzhǐ	（名）	上厕所时用的纸
7. 面值	miànzhí	（名）	纸币或票据上标明的金额数字
8. 价值连城	jiàzhíliánchéng		比喻非常值钱
9. 珍贵	zhēnguì	（形）	价值大；比喻意义深刻

阅读 3

他对独立的要求

不知从什么时候起，和他出去，他不愿让人拉他的手了。一只胖胖的小手在我的手掌里，像一条倔犟的活鱼一样挣扎着。有一次，我带他去买东西，他提出要让他自己买。我交给他一毛钱。他握着钱，走近了柜台，忽然有些害怕起来。我说："你交上钱，我帮你说好了。""不要不要，我自己说。"他说。到了柜台跟前，他又嘱咐了我一句："你不要讲话噢！"售货员终于过来了，他脸色有点儿紧张，但还是勇敢地开了口："同志，买，买，买——"他忘了要买什么了。我终于忍不住："买一包山楂片。"他好久没说话，潦草地吃着山楂片，神情有些沮丧。我有点儿后悔起来。

后来，他会独自拿着五个汽水瓶和一元钱到门口的小店买汽水了。他是一定要自己去的。假如我不放心，跟在他后面，他便停下不走了："你回去，回去嘛！"我只好由他去了。他买汽水日益熟练，热情日益高涨，最终成为一种可怕的狂热。为了能尽快拿着空瓶子再去买，他就飞快而努力地喝汽水。

一个炎热的中午，我从外面回来，见他正在门口小店买汽水。他站在冰箱前头，露出半个脑袋。售货员只顾和几个大人做生意，看都不看他一眼，他满头大汗的耐心地等待着。我极想走过去帮他叫一声"同志"，可最后还是忍住了。

（据王安忆《漂泊的语言》）

1. 判断正误

（　）(1) 他不喜欢"我"，所以不要"我"拉他的手。

（　）(2) 文章中的"他"是一个儿童。

（　）(3) 他非常喜欢喝汽水，所以很快很努力地喝。

（　）(4) 门口小店的售货员服务态度很好。

（　）(5) 他要求独立，不要"我"的帮助。

（　）(6) 最后，"我"理解了他对独立的要求。

2. 根据文章和你们对中国的了解，推测这篇文章所写故事发生的年代

参考词语

1.	倔犟	juéjiàng	（形）	性格坚强，不服输
2.	挣扎	zhēngzhá	（动）	身体或身体的部分努力地想要摆脱
3.	潦草	liáocǎo	（形）	做事随便，不仔细，不认真
4.	神情	shénqíng	（名）	人脸上表现出来的心里的感觉
5.	沮丧	jǔsàng	（形）	由于不顺利而心情不好
6.	日益	rìyì	（副）	一日比一日更，越来越
7.	狂热	kuángrè	（形）	一时产生的、不太正常的、强烈的热情

第四十四课

一、技　能

推测之二:推测的分类

热身活动

还记得上节课的那个故事吗?下面是一位中国人根据开头和结尾写的故事,请大家读一读:"他被工友送进了医院,医生说必须马上进行手术。按医院的要求,他们要先交三万块的押金,工友们身上没有那么多钱,他们只好等其他人凑钱送来。就这样,他错过了动手术的最佳时机。十二小时后,他死了。"

现在,我们来讲讲推测的分类。推测可以按照其依据分为两大类:

1. 根据上下文的内容或形式推测

也就是说,根据读过部分的意思和一些关键性词语,推测没有读过的部分。就像大家的故事一样,是根据开头和结尾的内容写出来的,而中国人还会根据"工友"这个词语,推测出他们比较穷。

2. 根据常识进行推测

常识即大多数普通人都知道的知识。上面那个故事里,就包含了许多常识,如能导致人死亡的一般是需要动手术的病或事故,在中国动手术前要交押金,而这笔钱对"工友"来说可能是负担不起的。

再看下面的句子"由于学校的老师不够,同学们又很喜欢张老师的课,所以,尽管张老师身体不太舒服,可他……"根据前边三个分句的意思(老师不够,同学们喜欢他的课,他身体不太舒服),再根据转折连词"尽管……可……",我们就很容易推测出最后一个分句:他还是来给同学们上课。这里的"尽管……可……"就是我们进行推测的形式依据。

现在,请大家交换你们上一次上课时写的故事,读了以后,按照上面推测的分类分析一下,这个故事的哪些部分是根据常识推测出来的,哪些部分是根据上下文的内容推测出来的?

练习

1. 阅读下列句子,预测空格里的内容并写出来

(1) 在中国,越往北边天气越冷,越往南边天气(　　　　)。

(2) 三十几年前,中国政府开始大力推行计划生育,提倡一对夫妇只生(　　　　)。

(3) 大家知道,地球分为南半球和(　　　　)。澳大利亚在南半球,中国在(　　　　)。

(4) 一个独生子女能得到多少人的疼爱呢? 在直系亲属里,除了父母以外,还有祖父、祖母、(　　　)和(　　　),也就是说,围着一个孩子转的,一共有(　　　)。

(5) 尽管她很想结婚,可是(　　　　　　　　),所以到现在仍然单身。

2. 阅读下列文章,预测空格里的内容并写出来

用外语演话剧的经历对于我们外语系出来的学生再熟悉不过了。下面我就简单说说演话剧的好处。

首先,作为一个学外语的学生,通过参加外语话剧表演可以使自己的外语水平得到很大的(　　　　)。演话剧对改善发音、增加词汇量等都有很大的帮助,这是一个慢慢来的过程,不是(　　　　　　　　)。

第二,通过(　　　　),我们也能很好地了解和感受外国文化。我们演的剧本都是国外的故事,通过角色模仿和体验,我们可以更加深刻地了解故事中反映出来的文化背景和差异。作为一个学外语的学生,不但要学好语言,而且应该(　　　　)。

第三,从开始准备到表演这个过程,也是学习的过程。例如,负责写剧本的同学学习怎么将故事变成一句一句的台词,怎样将复杂的故事变(　　　);(　　　)的同学可以提高自己的翻译水平;(　　　)的同学就可以提高自己的组织协调能力。

第四,排练的过程使大家发挥(　　　)精神,同学们在这个过程学习怎样和其他队友沟通、合作。

总之,外语系的英语话剧表演锻炼了我,使我的英语水平(　　　　),也使到我上台讲话时更加得体自信。我喜欢演话剧。

3. 阅读下列文章,预测空格里的内容并写出来,然后选择正确答案

哈佛大学的两位学者写了一本有关智商与人种的书。该书的主要论点是:不同的种族(　　　　)。在地球上的几个主要人种中,黑人的平均智商相对来讲(　　　　)。该书出版之后,引起了很大的争论。不少报刊纷纷登载批评文章,但也有不少文章表示(　　　　)。

反对者尖锐地指出,测定智商的方法本身就是白人设计出来的,其根据也是欧洲的社会情况和教育体制,重视书本知识,忽视实践能力和身体活动能力。这样的测试当然(　　　)。(　　　)则说,该书的作者经过长期的大量的调查研究,做了细致的分析之后,才得出上述结论;而且,作者并没有鼓吹白人至上,因为根据他们的调查:亚洲黄种人的智商比白人(　　　)。

(1) 根据文中哈佛大学学者的观点,以下哪个是正确的?
　　A. 白人的智商最高　　　　　　B. 黑人的智商最低
　　C. 黄种人和白人的智商一样高　　D. 不同种族的智商水平是一样的
(2) 根据课文内容,下列说法正确的是:
　　A. 哈佛大学的学者鼓吹白人至上
　　B. 关于人种和智商的结论是不对的
　　C. 反对者认为测定智商本身就有问题
　　D. 欧洲国家不重视书本知识,重视实践
(3) 根据文章和常识,我们可以推测出:
　　A. 黄种人最聪明　　　　B. 书的作者是白人
　　C. 这本书引起了很大的争论　　D. 黑人的实践能力和身体活动能力比较强

二、阅读训练

阅读 1

音乐为何能使人长寿?

科学家最近发现,音乐是一种振波,它不但可以影响人的感情,还可以使人的身体产生和谐的振动。音乐具有多种不同的节奏,而人体的活动对音乐节奏有明显的跟随作用,因此音乐节奏的变化可以带动并且调节人的生理节奏,所以有的医生精心挑选各种不同节奏的乐曲,以便供不同的患者使用。

音乐的治疗作用一方面是通过音乐的艺术感染力作用于感情,以感情引导心理,既可以增强人的抗病能力,还可以消除精神上的阻碍;另一方面则可以通过音乐的物理作用,以特定的频率、声音直接作用于人体的感官,如对心脏或听觉器官起作用。

音乐治疗往往需要配合药物或者其他的治疗方法。它可以配合一些舞蹈动作进行,音乐和舞蹈的美感作用于心理,而动作则可以使人的肌体得到锻炼。音乐治疗与体疗、理疗、职业疗法都很接近,常常可以结合起来进行。所以音乐疗法也是康复学的一个组成部分。

事实上,音乐还可以促进人体分泌出一种有益健康的生理活性物质,以调节人体的生理节奏,从而使人朝气蓬勃。

(据《北京晚报》)

选择正确答案

(1) 根据文章第一段和你自己的知识,下列哪句话是科学家最近发现的内容?

    A. 音乐可以影响人的感情

    B. 音乐有多种不同的节奏

    C. 音乐使人的身体产生和谐的振动

    D. 有的医生挑选不同节奏的音乐给病人使用

(2) 根据文章内容,音乐的治疗作用在哪些方面?

    A. 精神方面和感官方面   B. 感情方面和心理方面

    C. 心理方面和心脏方面   D. 感情方面和精神方面

(3) 根据文章内容,下列哪句话是对的?

    A. 音乐疗法往往可以单独进行

    B. 音乐治疗可以直接使人的肌体得到锻炼

    C. 音乐疗法会产生一种有益健康的生理活性物质

    D. 音乐节奏的变化可以引导、调节人的生理节奏

(4) 文章第三段的"它"代表上文的哪个词语?

    A. 音乐   B. 音乐舞蹈

    C. 音乐疗法   D. 舞蹈动作

(5) 文章第三段的"康复"是什么意思?

    A. 健康   B. 医药

    C. 健康重复   D. 恢复健康

参考词语

1. 节奏	jiézòu	(名)	音乐中交替出现的有规律的强弱、长短的现象
2. 调节	tiáojié	(动)	改变原来的情况,使之适合客观的环境和要求

3. 感染	gǎnrǎn	（动）	通过语言和行为引起别人相同的感情和想法；传染
4. 阻碍	zǔ'ài	（名）	有阻碍作用的东西
5. 频率	pínlǜ	（名）	在一定时间里发生的次数
6. 理疗	lǐliáo	（名）	物理治疗法
7. 分泌	fēnmì	（动）	从生物体的细胞、组织、器官产生某种物质

阅读 2

烫 发 记

20世纪80年代，中国开始流行烫发，可惜当时的技术不太好。幼年的我，眼睁睁地看着阿姨们忽然一个个头顶鸡窝，乱蓬蓬、美滋滋地走来走去，心里难过，就和小学同学发誓：长大后绝不烫发，否则就是妖精。现在我想对儿时的伙伴说：抱歉，我已做妖一年多。

早年糟糕的技术使我畏惧烫发，如今的人人皆烫使我痛下决心仿效。开始时周围的人纷纷做负离子烫发，看着那些青春少女或者已经不青春的中年妇女们全都长发飘飘时，我忽然明白升级的烫发技术已经使我旧时梦想伸手可及。只可惜当时我是短发，所以只能耐下心来，等头发变长。还没等我把短发留长，又开始流行烫发并且染色。我周围突然多出很多"金毛狮王"，他们勇敢地顶着金发或者红发骄傲地出没着。还没来得及叹息呢，又见识了挑染。以前的一位同事烫了发而且挑染了，顿时时尚起来。某天，我在电视里看见一位阿婆，她的头发侧影和我一模一样：短发、黑色，极其朴实。这个发现刺激了我，难道自己的心已经老到这位婆婆的年纪了吗？

终于，受了刺激的我带着几百大元去了平时常去的发廊，三个小时之后，发廊老板满意地去数钞票，我则痛苦地顶着一头乱卷回了家。是的，镜子里确实不再是阿婆朴实的黑色短发了，可出现的竟是隔壁阿姨的模样。第二天我非常没有信心地问某女：好看吗？她怜悯地看了我一眼，含蓄地说：很端庄。

我绝望地顶着被烫过、被剪短的头发，对着镜子，百般打理，可是无论扎起还是放下，它总是很蓬乱。几天后我终于放弃，我觉得它简直成了人生烦恼的一个写照。我恨它烦它，可它还在头上，非常醒目。与它日夜相对之后，我开始说服自己：它没错，错的是我。我烦恼的其实不是它，而是年岁：上不够婆婆级别可以朴实到底，下不能如青春少女可以无所顾忌。我忽然想明白了：随便吧。我烦恼，它在头顶；我不烦恼，它还在头顶。那我何不选择感觉好点呢？既然年岁变老是肯定的，我又何必提前开始烦恼？

烫发居然让我明白了一些道理，这倒是意外收获。

（颜湘茹）

选择正确答案

(1) 幼年的"我"，对烫发的态度是：
   A. 好奇　　　　　　　　　　B. 欣赏
   C. 讨厌　　　　　　　　　　D. 无所谓

(2) 发型流行趋势的变化是：
   A. 烫发并染色、负离子烫发、挑染　　B. 挑染、烫发并染色、负离子烫发
   C. 负离子烫发、烫发并染色、挑染　　D. 负离子烫发、挑染、烫发并染色

(3) 最后，是什么使"我"决定去烫发？
   A. 因为大家都烫发了
   B. 因为"我"的心已经像婆婆一样老了
   C. 因为一个同事烫发以后时尚起来了
   D. 因为"我"发现自己的发型和一位阿婆很像

(4) "我"烫发的结果怎么样？
   A. 头发很乱　　　　　　　　B. 看起来老了
   C. 看起来很端庄　　　　　　D. A 和 B

(5) 到底是什么让"我"感到烦恼？
   A. 年岁　　　　　　　　　　B. 人生
   C. 生活　　　　　　　　　　D. 头发

参考词语

1. 妖精	yāojing	（名）	神话中和常人不同而且会害人的或超自然的生命体
2. 仿效	fǎngxiào	（动）	仿照效法
3. 伸手可及	shēnshǒukějí		形容很容易得到或做到

4. 打理	dǎlǐ	（动）	打扮、整理，使其变得漂亮
5. 烦恼	fánnǎo	（名）	烦心的事情
6. 写照	xiězhào	（动）	描写
7. 无所顾忌	wúsuǒgùjì		什么都敢说都敢做

阅读 3

行 花 街

在广州，每到农历年的年底，人们都要成群结队到迎春花市逛花市、买花，粤语称为"行花街"。

传统迎春花市从农历的十二月二十八开始，历时三天，第三天延至新年的年初一凌晨才结束。除夕前一个星期，花市的街道就要封闭，有关部门就要为花农搭建花档。农历的十二月二十八日花市就正式开市，那时花街上张灯结彩，喇叭里播放着轻快的广东音乐，人们看花、买花，花农吃住都在花市。除夕之夜，花市进入高潮，那真是人山人海，水泄不通。买了花的人，只好将花高高举起，或者将一盆盆的橘子托在肩上。直到午夜两点钟，人们才慢慢地散去，花农也把卖剩的鲜花降价拍卖，不留一点剩余。游花街的人们，往往就在这个时候拣到了很好的便宜货。于是乎人人皆大欢喜，高高兴兴地去迎接新春的曙光。

这一年一度的行花街习俗形成于19世纪60年代。20世纪初，广州的花市从郊区迁往现在的教育路、西湖路一带，花色品种越来越多，游人也越来越多。到20世纪20年代，广州的花市已经是相当兴旺了。近年来，广州越秀、海珠、天河、荔湾、芳村等区都设有迎春花市，上市的花卉品种达五百余种。

在花市众多的迎春花果中，桃花、金橘是最受欢迎的品种。在粤语中，"桃"和"图"同音，红色的桃花开得茂盛就是所谓的"宏图大展"，寓意新的一年事业兴旺发达；而"橘"和"吉"同音，家家户户都要买上一盆金橘，祈求新年吉祥如意；另一种一定要买的花是大丽花，有了"吉"当然一定要有"利"啊！其他受欢迎的花卉有水仙、菊花、剑兰和银柳等。

（据《广东民俗大典》）

1. 判断正误

（　）(1) 行花街从每年的十二月二十八号到三十号。

（　）(2) 除夕行花街的人很多,花市非常拥挤。

（　）(3) 广州花市形成于20世纪的60年代。

（　）(4) 海珠是广州市的一个区。

（　）(5) 西湖路的花市是广州市区最古老的花市。

（　）(6) 大年初一凌晨两点的时候去花市买花最便宜。

（　）(7) 花市里受欢迎的花包括兰花。

2. 回答问题

广州人过春节一定要买的花果是什么？为什么？

参考词语

1. 张灯结彩　　zhāngdēng-jiécǎi　　　将灯笼挂起来,将花贴好,形容一片节日的气氛
2. 水泄不通　　shuǐxièbùtōng　　　　形容非常拥挤
3. 花卉　　　　huāhuì　　　　　（名）花草的总称

第四十五课

一、技　能

推测之三：意义的重复、对应与递进

热身活动

1. 3~4个同学一组，根据所给句子推测空白处的内容

（1）他和小玲、贝贝是最好的朋友。小玲满二十岁时，把他和贝贝请到东湖边的茶馆过生日。贝贝满二十岁时，把他和小玲请到珠江上的渔船过生日。（　　　　　　　）。

（2）目前北京五星级酒店平均预订率达77％，而四星级酒店预订率为44％，三星级及以下酒店（　　　　　　　）。

（3）以前，我最快的出书速度是一个月一本，喜欢看的读者就要等，（　　　　　　　）。于是我找了一些人跟我一起做，后来，我们是一周就可以出一本，读者读得很开心。

2. 全班一起比较推测出来的内容，讨论一下你们是根据什么推测出这些内容的

上一课讲了推测可以根据上下文的内容和形式来进行。这里边还可以分成四个小类，这一课我们先讲解、练习其中三个。

第一小类，根据上下文内容的重复进行推测。如热身活动的第一个题目：根据前面的句子，我们知道有三个好朋友，其中两个人过生日时都请了另外两个人。这是第一个重复。而过生日的地点分别是在湖边茶馆、江上渔船，虽然表面上不一样，但都是靠近水的，也是一种重复。相信同学们就是根据这两个重复推测出最后一个句子的。

第二小类，根据并列句式中意思的对应进行推测。如热身活动的第三个题目，根据上下文，我们知道"我"以前一个月出一本书，后来一周出一本。这是第一个对应。而后来读者读得很开心，那么根据意思的对应，以前读者怎么样呢？

第三小类，根据并列句式中意思的递进进行推测。如热身活动的第二个题目：句子里依次出现了五星级、四星级和三星级及以下酒店，这是第一个递进；而前面两类酒店

的预订率分别为77%和44%,这里又是一个递进。同学们应该根据这两个递进推测出最后一个句子的内容。

练习

1. 阅读下列句子,推测空格里的内容并写出来,并说说你们的推测依据是什么

(1) 他从小就对地理知识感兴趣,上中学以后,(　　　　　　　　　　)。

(2) 陆衡一向很讨厌叽叽喳喳的女人。那天晚上在我家开生日晚会的时候,我介绍他认识中学时的女生卢薇。听见卢薇叽叽喳喳地说话,他露出了(　　　　　　)。

(3) 上小学他学习就不错,上中学成绩更好,读大学时,(　　　　　　　)。

(4) 欧莱雅选择人才的标准是"诗人+农民"。欧莱雅招聘总监张以恩说:"我们希望员工具备诗人般的想象力,同时也能(　　　　　　　　　　)。"

(5) 两个文学爱好者在一起聊天。甲:你是怎么运用现实主义手法和浪漫主义手法的呢?乙:这个嘛,简单一点说吧,对奖金我多采用浪漫主义手法,对劳动纪律(　　　　　　　　)。

(6) 小学生一队队,中学生一堆堆,大学生(　　　　　　　　　　)。

2. 阅读下列文章,预测空格里的大概内容并写出来,然后选择正确答案

外国孩子感受中国

来自英国的小女孩珍妮和她的九个小伙伴在中国度过了一个很快乐的假期。珍妮是根据一个交换计划来中国的,住在南京市一个普通中学生明明的家里。

明明的父母亲知道珍妮要在家里住一段时间,就忙着做准备。他们准备好了刀叉,学着做西餐,因为他们害怕珍妮不喜欢吃中餐,不会用(　　　　　)。但珍妮来了以后,却一定要吃(　　　　　　),一定要(　　　　　　　)。明明的父母亲对珍妮特别好,把她当成自己的女儿。珍妮对他们也很好,叫他们(　　　　　　　　)。

珍妮在英国时就很喜欢中国的传统服装——旗袍,还参观过一个旗袍展览。到南京以后,她跟着明明来到一个专卖店,(　　　　　　),说要穿回去给家里人和学校的同学老师看。来中国以前,珍妮和她的九个小伙伴在自己的城市种了十棵"友谊树"。离开南京以前,珍妮和(　　　　　　)又在南京市郊(　　　　　　　　　)。

短短的假期很快过去了。珍妮在中国学到了很多东西,感受了中

国的真实生活,开始喜欢这个古老而又现代的国家。离开南京时,她跟明明、明明的父母亲含泪告别,欢迎明明(　　　　　　　　)。

(1) 根据文章,有几个女孩在中国度过了一个很好的假期?
　　A. 三个　　　B. 九个　　　C. 十个　　　D. 不知道
(2) 文章没有说,但可以推测出来,从英国来的孩子最可能住在几个中国家庭里?
　　A. 十个　　　B. 九个　　　C. 七个　　　D. 三个
(3) 根据文章,下面哪句话不是真的?
　　A. 明明的父母亲喜欢珍妮
　　B. 珍妮在中国学到了不少东西
　　C. 明明带着珍妮去专卖店买东西
　　D. 明明的父母亲知道珍妮不喜欢吃中餐

二、阅读训练

阅读 1

1. 读前活动
(1) 请同学们看着图,说说以下词语是什么?

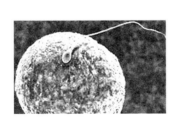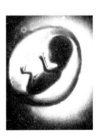

精子、卵(luǎn)子、受精、受精卵、怀孕(yùn)、胎(tāi)儿、婴(yīng)儿
(2) 请同学们用以上词语说说孩子是怎么形成的?
(3) 大家应该都知道什么是艾滋病了,根据以下句子说说画线词语的意思。
　　A. 内维尔在输血时被传染上了艾滋病病毒。
　　B. 奥古斯都治疗过五百多例HIV阳性丈夫。

艾滋病人的婚礼

在英国肯特郡的一个乡村教堂里,贾妮和内维尔举行了婚礼。婚后,他们将意大利的蜜月之行推迟了一个月,使亲友们觉得很奇怪。

原来,贾妮向双方父母隐瞒了一件极其可怕的事:她的丈夫内维尔在输血时被传染上了艾滋病毒,HIV检测呈阳性。贾妮和内维尔都是成熟而有教养的公务员,能平静而有分寸地面对即将到来的严酷现实。年已三十三岁的贾妮,十分想生个孩子作为她和丈夫爱情的永恒纪念。然而,她很担心婴儿受到艾滋病毒的传染。

结婚前不久,他俩无意中看到一本书,其中有一篇文章讲到意大利米兰大学的奥古斯都等教授发明了一种"洗刷精子"的新技术,能把精子同其他物质,如白血球细胞、精液等分开,而大量的病毒恰恰是存在于精液之中的。他俩拿定了主意,在内维尔死亡之前,先创造出一个崭新的生命,以便让内维尔的生命在这个孩子身上得到延续。

于是,内维尔向米兰大学写了一封信,询问了有关的技术问题。接到回信后,他俩很快完成了对方要求准备的一切检测报告,开好了证明材料,并写下了自愿冒险的书面保证。最后,与对方商定,将手术日期定在婚礼后的某一天,这就是他们推迟一个月去意大利米兰度蜜月的秘密。

目前,在英国至少已有三家医院开设了"洗精子"手术,同时,它们也向有关的夫妇介绍施行该手术的危险因素。比如说,在技术与设备条件都相当完善的美国医院里,就有两位丈夫在接受治疗后,他们的妻子仍被传染上了艾滋病毒。不过,从米兰大学奥古斯都教授那儿得来的消息却是令人鼓舞的。他本人治疗过五百多例HIV阳性丈夫,其中已有一百一十一人的妻子已平安生下了孩子,还有五十多位妻子怀了孕,并且还没有一位妻子或孩子受到艾滋病毒的传染。

根据奥古斯都公布的研究资料表明,当妻子怀上没有接受过治疗的HIV丈夫的孩子时,大约7%的人有受传染的可能性。他说:"我不能用'绝对安全'这个词,但该技术确实能较好地保护孕妇,使7%的百分比大大降低,同时保护婴儿不受传染。"

(据《华商时报》)

2. 选择正确答案

(1) 贾妮和内维尔为什么把蜜月推迟了一个月？
    A. 贾妮想生一个孩子　　　　B. 他俩都是成熟的公务员
    C. 内维尔感染上了艾滋病毒　　D. 内维尔要到米兰大学动手术

(2) 根据文章可以知道,如果丈夫传染上了艾滋病毒,他的妻子和后来生的孩子：
    A. 有可能染上艾滋病　　　　B. 不可能染上艾滋病
    C. 肯定会染上艾滋病　　　　D. 大部分会染上艾滋病

(3) 根据文章内容,如果要做洗刷精子的手术,病人必须：
    A. 开好证明材料　　　　　　B. 写愿意冒险的保证书
    C. 准备好所有的检测报告　　D. A、B 和 C

(4) 根据文章内容,艾滋病毒不存在于哪里？
    A. 精子　　　　　　　　　　B. 精液
    C. 血液　　　　　　　　　　D. 白血球细胞

参考词语

1. 推迟　　tuīchí　　（动）　把原来决定的时间向后改动
2. 教养　　jiàoyǎng　（名）　文化、道德、品质的修养
3. 延续　　yánxù　　（动）　延长,继续
4. 检测　　jiǎncè　　（动）　检查,测量

阅读 2

世界上五个袖珍的国家

1. 五个同学一组,每人阅读一个国家的资料,然后共同完成阅读练习
试着根据这五个国家的英文名,把他们的中文名字的拼音写出来(不用声调)

1. 梵蒂冈(Vatican)

    面积 0.44 平方公里,人口 830 人。位于意大利罗马西北高地,是世界上最小的国家,也是全世界天主教的中心——罗马教廷的所在地。它地处台伯河右岸,以四周城墙为国界。国中宫院、教堂、图书馆、邮

局、电台、火车站、飞机场等设施一应俱全。官方语言为意大利语和拉丁语。居民多信奉天主教。

2. 摩纳哥(Monaco)

面积1.96平方公里,人口35657人。位于法国南面,北、西、东三面都被法国围住,南面濒临地中海。该国东西长约3公里,南北最窄处仅200米。境内多丘陵,平均海拔不足500米。属亚热带地中海型气候,夏季干燥凉爽,冬季潮湿温暖。年均气温为16℃,年均降水量为500~600毫米。

3. 瑙鲁(Nauru)

面积21平方公里,人口13005人。位于西太平洋赤道以南,全境为一椭圆形珊瑚岛。沿岸有宽150~300米、海拔30米的海岸带,是全国唯一的农业区。中部为台地,最高点为海拔64米。全岛无河流,仅西南部有一布阿达咸水湖。属热带雨林气候,年平均气温25~35℃,年降水量在2000毫米以上。瑙鲁人一般住在政府建造的海滨低地的住宅里。

4. 图瓦卢(Tuvalu)

面积26平方公里,人口11000人。位处南太平洋,是由9个环形珊瑚岛群组成,南北两端相距560公里,由西北向东南散布在约130万平方公里的海域里。当地几乎无储水区,而土壤也不适农耕。温室效应造成的海平面上升对图瓦卢造成非常严重的威胁。属热带海洋性气候,年平均气温29℃。图瓦卢的主要收入来自外国的援助。主要产业为捕鱼业及旅游业,但地处遥远,所以每年旅客也非常少。

5. 圣马力诺(San Marino)

面积61.2平方公里,人口28117人。位于意大利亚得里亚海滨城市里米尼附近的蒂塔诺山上,是国中之国。山脚下有一个大门式的装饰,上有一横幅书写着:古老的共和国欢迎您。这就是圣马力诺国界的标记。圣马力诺属亚热带地中海型气候。年平均气温16℃,冬季最低气温−2℃,夏季最高气温30℃。年均降水量880毫米。

(据雅虎旅游)

2. 据课文填写表格

	面积 （平方公里）	人口 （人）	位置	气候类型	年均气温	降雨量(毫米)
梵蒂冈						
摩纳哥						
瑙鲁						
图瓦卢						
圣马力诺						

3. 回答问题

(1) 五个国家中，岛国有几个？它们的地理特点有什么不同？
(2) 五个国家中，哪个国家可能最穷？
(3) 梵蒂冈有可能是什么气候类型？

阅读 3

美　　容

我在广州美容，回到家乡小镇也去美容，两地的美容院很不相同。

在广州我去的是一家专业的美容院。在车水马龙的路边大厦，树立着美容院的巨幅广告，推门进去，马上就与纷乱和繁杂的外界隔离了，里面的一切是净与静。于是，很乐意在这样的环境下消费。

美容院里的一切都是那种一尘不染的干净，而在美容过程中，美容小姐的动作也很"净"，这净是动作的流畅与一气呵成。从洗脸、敷面、洁面、润肤，每个流程都没有多余的动作。

美容院里一点儿也听不到外面的车声人声。在这里人们一般不说话，你也不知道哪里有人。有时候，帘子一动，会走出一个人来。美容小姐很少说话，静静地用她温柔的手抚摩你的脸。她们偶尔说话，是很机械、很柔和地告诉你该做什么配合，或者下一流程会有什么反应。美容之外的事，小姐不问，你也不说。一切都在闭目静躺中度过。

小镇美容店是嘈与杂。"嘈"在马路的汽车声、摩托车声、自行车声、人语声，全都传入屋内。里面的说话声从不间断，客人们议论六合彩、市政府干部的任命、谁家老公包二奶、谁家寡妇堕胎等话题。

"杂"在进入美容店的闲人也多。邻近寂寞的老太太,为了打发时间,来找美容小姐聊天;美容的客人也带小孩来,小孩子难忍一两个小时的等待,又哭、又闹、又捣蛋;美容小姐的亲友也来找她们。老板娘也很热情地招呼每个人,她像一个周到的主人体贴店里每一个客人:有时候用棉签细心地帮助客人吸干渗进眼角的药水;起风时,她又为客人盖上被子。

广州的美容院在净与静中体现职业化和专业化,而小镇美容店在嘈与杂中有一种家庭式的温情与随意。

(彭绮文)

1. 根据课文内容填空
(1) 第2~4段介绍_____,第3段写广州美容院的_____,第4段写广州美容院的_____。
(2) 第5~6段介绍_____。第5段介绍小镇美容店的_____;第6段介绍小镇美容店的_____。
(3) 文章的主要观点在第_____段。

2. 成语填空并讨论

车水马龙　　一尘不染　　一气呵成

(1) 体操运动员(　　　)、干净利落地完成了他的全套动作,获得了第一名。
(2) 节日期间,平时就(　　　)的大街更加热闹拥挤。
(3) 建明是个十分爱干净的男人,他的小房间总是(　　　)的。
(4) 第(1)和(3)句里的"干净"的意思有什么不同?文章第三段里的"干净"和"净"的意思呢?

3. 课后小调查:可以请教中国朋友,也可以上网查一下以下问题
(1) 什么是"六合彩"?
(2) "二奶"、"寡妇"、"老板娘"是什么人?

参考词语

1. 美容　měiróng　　(动)　　通过一定的方式使容貌美丽
2. 抚摩　fǔmó　　(动)　　用手指轻轻地慢慢地触摸

第四十六课

一、技　能

推测之四：句子之间的关系和形式

热身活动

1. 3~4个同学一组，根据所给句子推测空白处的内容

（1）上小学时，他喜欢看武打、动作类的电影，不喜欢看浪漫的爱情电影；可是上中学以后，（　　　　　　　　　　　　　　）。

（2）人眼最适应的是自然光，传统人造光都可能会造成眼部疲劳，甚至可能（　　　　　　　　　　）。

（3）人际关系是双向的。学人者人恒学之，助人者人恒助之，敬人者（　　　　　　），爱（　　　　　　　　）。

2. 全班一起比较推测出来的内容，讨论一下你们是根据什么推测出这些内容的

这一课我们来讲第四小类，根据句子之间的关系和形式进行推测。

先看热身活动的第一句和第二句，除了文字中提供的信息外，表示句子关系的"可是"和"甚至"肯定也是推测的重要根据。

再看第三句。这里有两个句子，需要进行推测的第三、四个句子是以古代汉语的形式出现的，但同学们是怎么推测出来的呢？依靠总结前面两个句子的形式：X人者人恒X之。

练习

1. 阅读下列句子,推测空格里的内容并写出来,再说说你们的推测依据是什么
(1) 这个周末我要加一天班,或者(　　　　　),或者(　　　　　)。
(2) 平时医院里人比较多,医生做医生的工作,护士做护士的工作。战争时期,人手不够,所以她又(　　　　　)又(　　　　　)。
(3) 我们本来准备明天去爬长城,可是今晚的天气预报说(　　　　　),所以,(　　　　　)。
(4) 即使是夏天最热的时候,深山里的夜晚也(　　　　　)。
(5) 儿童白血病和成人白血病有本质不同。一般人经常误认为白血病是治不好的,其实儿童白血病(　　　　　)。
(6) 老吾老以及人之老,幼吾幼(　　　　　)。

2. 阅读文章,推测空格里的内容并写出来,然后选择正确答案

　　读了昨天《健康之友》专版上关于纯水的文章,说了纯水的种种好处。我认为这只是一家之说。我的看法是,纯水虽然对人的健康有一些好处,但(　　　　　)。

　　纯水,也就是市场上的蒸馏水、太空水、超纯水等,主要是通过蒸馏和逆渗透技术对水进行净化。这些技术在去除水中有害杂质的同时,也把一些对人体有益的微量元素(　　　　　)。人体如果缺少这些微量元素,营养就会失去平衡。人体需要的微量元素,有些可以从日常食物中取得,有些却(　　　　　)。因此,从饮水中取得微量元素是最简便的方法。如果纯水大量进入家庭,成为人们日常生活的唯一饮用水,人们就会像偏食的儿童一样,因为缺少某些必要的微量元素而(　　　　　)。所以,我不同意该文所说:"人喝水并不是为了摄取营养。"

　　此外,喝纯水还有(　　　　　)。密封的水桶开封以后,里边的纯水如果在二十四小时内喝不完,就会出现细菌,产生污染,因为纯水对细菌没有任何的抵抗能力。喝了这种(　　　　　),对人体不但没有好处,反而(　　　　　)。

(据《羊城晚报》陈景国文)

(1) 第一段的"一家之说"跟下列哪个解释意思最接近？
    A. 一家人的说法   B. 一个专家的学说
    C. 一个家庭的说法   D. 一种不全面的说法

(2) 第二段的"偏食"可以用下列哪个词语代替？
    A. 偏要吃某种食物   B. 偏不吃某种食物
    C. 喜欢偏着头吃东西   D. 只吃自己喜欢吃的几种东西

(3) 根据文章内容，纯水的好处是：
    A. 没有杂质   B. 经过蒸馏
    C. 营养丰富   D. 使用逆渗透技术

(4) 根据文章内容，下列哪一点不是纯水的缺点？
    A. 人喝多了体内营养不平衡   B. 大量进入普通人的日常生活
    C. 开封二十四小时后容易被污染   D. 缺乏一些人体需要的微量元素

(5) 本文的主要内容是：
    A. 批评《健康之友》   B. 说明纯水最容易污染
    C. 完全否定一篇文章的观点   D. 告诉大家有关饮用水的知识

二、阅读训练

阅读 1

理 洋 发

到美国后从来没去过理发店。有时让中国朋友帮助理，有时对着镜子自己理。好在美国一般不看重外表，发型和服装一样，越奇怪越难看说不定还新潮。但我没想到，很多美国人也不去理发店，也是自己理或让家人理。放春假的时候，我就给一个洋教授理过一次发。

工具很简单：一把剪子、一把梳子。他的头发软软地搭在脑袋上，难梳难理，头皮也是软软的，手按在上边，像摸着婴儿的脑瓜。剪到脖子时，教授问："发现什么问题了么？"我说："你的头发怎么往下长，脖子上都是。"他笑起来，说第一次中国朋友给他理发，理完后脑勺理脖子，理完脖子理背脊，边理边说，怎么洋人的头发这么怪。"要不是我及时制止，他可能要理到屁股上去了。"说完又笑，"洋人就是这么怪，头发和体毛不容易分清。只能按身体的部位来辨别。"听口气,好像他反倒成了中国人。理完发,他说,以前他的头基本上是他妻子理,后来在附近认识了几个中国朋友,就把脑袋承包给他们了。

后来又给他儿子理。他儿子才十岁,可比父亲讲究多了。剪几下就要站起来照照镜子,说:"哎呀,这里高一块。""哎呀哟,陷进去了。"他只会说几个汉语叹词,拉得长长的,挺有味儿的。他说过两天要在学校表演,不能理坏了。理完后赶忙洗头洗澡照镜子,然后腼腆地走出来。大家赞叹道:好英俊的小伙子!他才咧嘴傻笑。

除了大城市,美国的理发店并不多。在许多地方,开车去理发店得花一段时间,到了还得等,费时间,理得也不太好,还得花不少钱。讲求实效,勤俭持家,这是中国人的传统美德,也是不少美国人信守的行动准则。

(周小兵)

选择正确答案

(1) 下面哪一项不是作者从不去理发店的原因?
    A. 因为美国人一般不看重外表   B. 因为很多美国人也不去理发店
    C. 因为他可以对着镜子自己理   D. 因为他可以让中国朋友帮忙理发

(2) "我"给这位洋教授理发的感觉是:
    A. 他的头发难梳难理   B. 他的头皮也是软软的
    C. 头发和体毛不容易分清   D. 以上全部

(3) 下面关于教授儿子的描述不正确的是:
    A. 他年龄很小   B. 他有点儿害羞
    C. 他汉语学得很好   D. 他对外表很讲究

(4) 很多美国人也不去理发店的根本原因是:
    A. 去理发店要等很长时间
    B. 他们也讲求实效,勤俭持家
    C. 他们觉得开车去理发店很麻烦
    D. 理发店理得不好看,所以很少有人去

参考词语

1. 新潮	xīncháo	(形)	当前非常流行的
2. 屁股	pìgu	(名)	人体的腰以下大腿以上的部分

3. 承包	chéngbāo	（动）	负责完成
4. 腼腆	miǎntiǎn	（形）	害羞，不自然
5. 勤俭持家	qínjiǎnchíjiā		以勤劳节约的精神管理家务

阅读 2

高校辅导员

日前，广东外语外贸大学对高校的一份调查显示：47%的大学生认为辅导员对他们生活的指导作用不大，90.2%的大学生找辅导员只为了办理必要的手续……记者采访发现，很多大学生甚至到毕业了还不知道辅导员长什么样。四年大学时光，老师一门课一换，刚刚离开父母独立生活的大学生们，学业有问题、心理要调适、就业如何选择……能够依靠的，只有离得最近的辅导员。可是，学生们往往都得不到专业的辅导。

从质量上看，长期以来高校辅导员主要管理一般的学生事务，基本上由毕业后留校的研究生担任，他们往往缺乏辅导员必备的活动组织能力、谈心技巧、心理辅导等专业技能。从数量上来说，一个辅导员往往要面对几百个学生，不可避免地会出现问题。工作强度大、收入低和职业定位不明，辅导员职位在过去几年被看做是高校中最"没有前景的职位"。其中，发展空间小，是造成大学辅导员流失的根本原因。不少高校为了稳定辅导员队伍，许诺保送博士研究生资格、向校内管理岗位输送等。但是，这些恰恰成为加剧队伍不稳定的原因。调查显示，对绝大多数辅导员来说，这个工作都只是一个过渡。

可见，要彻底改变这种局面，根本出路不是帮助他们换工作，而应从制度上根本改变。只有解决了辅导员的职业定位问题，将其发展成一种完全与其他教职相对等的全新职业，高校辅导员才能真正成为学生需要的良师益友，高校才能真正实现以学生为本的办学宗旨。

（据红雨文）

选择正确答案

(1) 根据调查结果显示，大学生们对辅导员的工作：

　　A. 很满意

　　B. 不满意

　　C. 无所谓

　　D. 很支持

(2) 下面哪一项不是辅导员必须具备的技能？

　　A. 授课技巧

　　B. 谈心技巧

　　C. 心理辅导

　　D. 组织活动的能力

(3) 大部分大学辅导员都换工作的根本原因是，当辅导员：

　　A. 收入低

　　B. 工作强度大

　　C. 发展空间太小

　　D. 职业定位不明

(4) 本文认为要解决辅导员职业定位问题的根本出路是：

　　A. 大学改变制度，帮助他们换工作

　　B. 鼓励他们以学生为本，成为学生的良师益友

　　C. 把辅导员发展成与其他教职相对等的全新职业

　　D. 文章没有说

参考词语

1.	辅导员	fǔdǎoyuán	（名）	辅导员制度是现在国内大学普遍采取的一种学生管理制度，每个辅导员一般管理一个或数个班级
2.	调适	tiáoshì	（动）	通过调整来适合某种需要
3.	定位	dìngwèi	（动）	把事物放在适当的地位并做出某种评价
4.	前景	qiánjǐng	（名）	前途
5.	过渡	guòdù	（动）	事物由一个阶段逐渐发展而转入另一个阶段
6.	良师益友	liángshī-yìyǒu		使人得到教育和帮助的好老师和好朋友

阅读 3

上下九路发昏记

两个同学一组阅读这篇文章,一个完成阅读任务1,另一个同学完成阅读任务2,然后两人一起完成阅读任务3

　　在广州,有谁不知道上下九路呢?那有名的步行街,几乎是繁华世界的代名词。可是对我来说,去上下九只意味着一次次的迷路和发昏。当然,我的特殊情况是:方向感特别差,经常迷路;而且我还特别容易发昏,太多的人、太多的声音,都能让我头昏脑涨。

　　读书期间,初到广州的我曾经两次试图接近上下九,结果只是在上下九的周边兜了一圈又一圈,始终没有找到入口进去。后来,我也在广州人的带领下进入过上下九,事后只觉得那个过程很晕,不知道这路怎么就走到了,也不知道怎么又出来了。从此,荔湾区、上下九对于热爱逛街的我来说,就成为一个传说了。我知道那里热闹,知道那里有很多很多小吃,很多很多服饰,可是我不敢去,想想都头昏。

　　某个礼拜天。先生突发奇想,说是要给一岁的女儿拍些好照片,还说在报上看到广告,照相馆在上下九。难得先生这条懒虫忽然热情地提议外出,于是我头脑一热就出发了。从地铁里出来,我们就开始迷路了。我满脸笑容地去问保安。他很简捷地指明方向,向前二百米再左转。

　　我们推着婴儿车,一路走去,发现自己好像陷落在道路上了,那种温热、拥挤、迷惑、发昏又开始了。那些还没有进入步行街的人,仿佛已经提前进入了;已经离开步行街的人,仿佛还没有离开。总之,大家都呼朋唤友,拖儿带女,大包小包,好像步行街是无边无际的。

　　我感觉和先生推着女儿走在一种固体胶水里,昏昏地向前挪着,挪着,不知道应该在哪里停下来,好像也没有什么地方可以停下来,反正大家都这么走着,不断向前。走过了我热爱的双皮奶店,停不下来,因为人太多,进不了门;走过了先生喜欢的牛杂店,也停不下来,因为太多人,也进不了门;走过了跳楼价的服装店,也停不下来,还是因为太多人,而店面又太挤;当然,也走过了照相馆,低头看看,女儿也不知道什么时候睡着了。

(颜湘茹)

1. 阅读任务1：根据以下问题介绍作者情况
(1) 作者是广州人吗？
(2) 作者为什么来广州的？
(3) 她结婚了吗？有孩子吗？
(4) 她先生和孩子怎么样？
(5) 她喜欢什么？
(6) 她大概去过几次上下九路？
(7) 她这个人有什么特点？

2. 阅读任务2：另一个同学根据以下问题介绍上下九路的情况
(1) 上下九路在哪里（城市、区）？
(2) 在上下九路上可以开车吗？
(3) 在上下九路，人们主要做什么？
(4) 上下九路有什么特别的店？它们可能是商店还是餐厅？
(5) 除了坐汽车，还可以怎么去上下九路？
(6) 上下九路最大的特点是什么？

3. 阅读任务3
(1) 两个同学一起，把文章最后两段里有"好像"和"仿佛"的句子找出来，讨论这些句子的意思。
(2) 把"好像"或者"仿佛"放到以下句子里，然后讨论这个句子的意思：
我感觉和先生推着女儿走在一种固体胶水里。

参考词语

1. 发昏	fāhūn	（动）	头脑不清楚
2. 突发奇想	tūfāqíxiǎng		突然冒出一个奇怪的想法
3. 陷落	xiànluò	（动）	掉下去
4. 仿佛	fǎngfú	（副）	好像
5. 固体	gùtǐ	（名）	有一定体积和形状的物体
6. 胶水	jiāoshuǐ	（名）	使东西粘起来的液体
7. 挪	nuó	（动）	移动

第四十七课

一、技　能

评读之一：区别事实与意见

从这一课起，我们将分两课介绍评价性阅读（简称评读）技能训练。评读需要在了解内容的基础上，对一篇文章进行评价，这需要读者具有一定的阅读理解能力和对相关的文化背景知识有所了解，也与读者本人的知识结构和思维能力有很大的关系。

热身活动

1. 词语联想：当你看到以下这些词语时你马上会想到什么？请写在一张纸上（可以先用你的母语写，再查字典，找出相应的汉语）

长城：

怀孕：

厕所：

安吉利娜·朱丽：

文章中提供的信息常常可以分为两大类：事实和意见。事实是客观存在的，谁来说都一样；而意见却是作者或其他人的个人思想、观点。不同的人会有不同的意见。正确的意见是在事实的基础上提出的，但没有事实根据的主观意见也很常见。在阅读时，如果文章里的意见正好是读者的意见，那么读者有时候就会分不清意见和事实，导致对文章的错误理解。

2. 请将你联想到的词填到表格里，分析一下哪个联想是与事实有关的，哪个是与意见有关的

	同学A	同学B	你的
长城	伟大	北京	
怀孕	辛苦	大肚子	
厕所	臭	洗手间	
安吉利娜·朱丽	漂亮	女演员	

"长城"在北京,所以B同学的联想与事实有关;而A同学的联想却是意见,虽然一般人都认为长城是个伟大的建筑,但很可能有人有不同的观点。"怀孕"后肚子一定会变大,所以"大肚子"是事实;而"辛苦"却是个人意见,有的妇女并不认为怀孕很辛苦。"厕所"又叫"洗手间",这是事实;而对于很讲究卫生的人来说,厕所臭只是一个意见。最后一位安吉利娜·朱丽,关于她的事实是她是女演员,至于漂亮不漂亮,各人有各人的意见。

3. 现在,5~6个同学一个小组,说说你们都想到了什么,哪些与事实有关,哪些与意见有关

练习

区别事实和意见(写句子的序号)

(1) ① 烤乳猪原来各地都有,清代的满汉全席里就有这道菜。② 后来别的地方渐渐没有了,只有广东一直盛行,大饭店或烧腊摊上都能见到烤乳猪。③ 烤乳猪如果抹一点甜面酱卷薄饼吃,一定不比北京烤鸭差。④ 可惜广东人不大懂吃饼。

事实:

意见:

(2) ① 从仰韶、河姆渡文化遗址看,早在约七千年以前,农业就成为中国的主要经济命脉。② 后来,历代统治者都把重视农业视为基本的政策。③ 传统中国虽然有"士、农、工、商"四个阶层,但不仅农民始终占绝对多数,而且其他三个阶层都依靠"农"而存在。④ 直到现在,农业人口还占中国人口的70%以上,因此农业对中国的影响是十分巨大的。⑤ 有人从中国、西欧和印度三大文化系统比较的角度,认为中国文明既不是古希腊式的商业文明,也不是印度式的森林文明,而是一种田园诗式的田园文明。

事实:

意见:

(3) ① 我在学校图书馆社科阅览室见到这么一个书单,现抄录如下:② A.《我的父亲邓小平》(上卷);B.《邓小平的历程——一个伟人的一生和他的世纪》;C.《邓小平文选》(青年读本);D.《毛泽东的读书生活》;E.《哥德巴赫猜想》;F.《中国桥魂——茅以升》;G.《中国现代科学家传记》(第一辑);H.《从鸦片战争到五四运动》(缩写本);I.《中华文化精粹丛书》;……《钢铁是怎样炼成的》③ 这是清华大学图书馆为了配合北京市高等学校"读百卷书,激爱国情"的读书工程而组织的征文活动中提供的推荐书单,并增加了一个主题为"知我中华,爱我中华"。④ 所推荐的书,无疑都是好书,但有不少

似乎是我们在高中时就该读的。⑤ 例如《从鸦片战争到五四运动》这样的名著，不知为什么现在才推荐我们去读"缩写本"。⑥ 又不知为什么推荐苏联人的小说《钢铁是怎样炼成的》，它对当代大学生的影响如何，待考。

事实：

意见：

二、阅读训练

阅读1

奇特的女书

女书，是在中国湖南省南部江永县潇水流域流传的文字，而且只在当地的妇女中流传，是妇女的专用文字，没有进入学校。妇女们使用这种文字记录自己的经历，给女朋友写信，有时也记录一些历史和故事。在当地，女书又叫女文、女字或蚊脚字，而现行的方块汉字被他们称为"男字"。

文字从来源上分类，一般有两种：一是独创的文字，叫自源文字；一是依据其他文字改制成的文字，叫借源文字。有的专家对所有女书用字进行统计分析：发现其中80%的字是借用汉字、汉字的一部分或将它们加以改造而成。也就是说，女书是一种借源文字。女书可用一千个左右基本单字较完整地记录江永地区有三百多个音节（包括声调有一千一百个左右）的土话，因此女书是一种单音节音符表音文字。女书不仅在外观风格、字体结构上，而且在记录语言的方式上即文字的本质属性上都完全不同于方块文字。

目前，江永县铜山农场河源村等地还有一些老年妇女能写、会唱女书。但能够使用这种文字的妇女已经越来越少了，也就是说女书是一种正在走向灭亡的文字。

（据《奇特的女书》）

选择正确答案

(1) 关于从前的江永地区,下列哪个说法是对的?
    A. 江永地区的妇女都会写女书   B. 只有没上过学的人才学女书
    C. 江永地区只有男人才会写汉字   D. 江永地区的妇女可能没有上学的机会

(2) 关于女书,下列哪个说法是错的?
    A. 女书看起来很像方块汉字   B. 将来可能没有人使用女书了
    C. 只有妇女才学、才使用女书   D. 现在有专门研究女书的专家学者

(3) 关于这篇短文,下列哪个说法是对的?
    A. 这篇短文里作者没有发表意见
    B. 作者认为女书是一种借源文字
    C. 作者对女书就要消失感到很可惜
    D. 作者的意见是妇女应该有自己的文字

(4) 关于汉字与女书的区别,下列哪种说法是错误的?
    A. 80%的女书文字跟汉字有关系
    B. 汉字的数目比女书文字多得多
    C. 汉字是表意文字,女书是表音文字
    D. 汉字与女书的外形不一样,但都是表音文字

参考词语

1. 土话	tǔhuà	(名)	小地区内使用的方言
2. 外观	wàiguān	(名)	从外面看的样子
3. 灭亡	mièwáng	(动)	不再存在,消失

阅读 2

关于战争的隐喻

语言中存在着大量的战争隐喻,例如我们常说:
——情场就是战场。
——人生就是一场战斗。
——中国队这次派出了强大的阵容。

——他们的对话火药味儿很浓。

——我们要用科学思想武装自己的头脑。

——人最难战胜的就是自己。

——毕业生已经进入了临战状态。

——政府受到反对派的攻击。

——中国队在昨天的比赛中又败下阵来。

人类是好战的,日常语言中的战争隐喻保留了历史的血迹。好战的人甚至想到了嘴唇和舌头也是武器——唇枪舌剑,既是战争的结果,又往往是引起战争的原因。人们认为语言是一切人为的灾难的原因,也许是有道理的。因为语言传播人类欲望,欲望引起战争,而且语言本身就相当好战,它通常被当做"人生斗争的武器",被当做伤人或杀人的刀子。

（据忆沩《我们赖以生存的隐喻》）

1. 把短文中跟战争有关的词语画出来

2. 以下句子跟短文中列举的一些句子意思相同或相近,请在短文中找出相对的句子

(1) 他们的意见相反,说话越来越不客气。
(2) 6月7～9日考试,现在已经是1日了,考生们进入最后的复习。
(3) 韩国队昨天再次以微弱的优势赢了中国队。
(4) 这次中国队派出了最好的运动员参加比赛。
(5) 我们要学习科学,做一个有思想有知识的人。
(6) 谈情说爱就像打仗一样。

3. 选择正确答案
(1) 为什么作者认为语言是引起战争的原因？
    A. 因为语言传播欲望   B. 因为语言可以伤害人
    C. 因为语言就是枪和剑   D. B 和 C
(2) 关于语言和人类,作者不认为：
    A. 语言是人类的工具   B. 人类的战争都是有道理的
    C. 人类好战,所以语言有大量战争的隐喻   D. A 和 C

参考词语

1. 隐喻　yǐnyù　（名）　跟比喻相对的一种修辞方式。例如"母亲漂亮得像一个女演员"是一个比喻，而"母亲是一条河"就是一个隐喻
2. 情场　qíngchǎng　（名）　跟谈情说爱有关的事
3. 阵容　zhènróng　（名）　队伍作战的外貌，队伍所显示的力量
4. 好战　hàozhàn　（形）　喜好战争

阅读 3

最好的介绍信

一位先生在报纸上登了一个广告，要雇佣一名办公室工作人员。约有五十多个希望得到这个工作的人前来和他见面，但这位先生却只挑中了一个男孩。"我想知道，"他的一位朋友问，"你为什么喜欢那个男孩？他既没带一封介绍信，也没受任何人的推荐。"

"你错了，"这位先生说，"他带来了许多介绍信。他在门口蹭掉了鞋子上带的泥土，进门后随手关上了门，说明他做事小心仔细。当看到那位残疾人时，他立即起身让座，表明他心地善良、体贴别人。进了办公室他先脱去帽子，回答我的问题时干脆、果断，证明他既懂礼貌又有教养。

"其他所有人都从我故意放在地板上的那本书上跨过去，而他却拣起那本书，并放到桌子上。当我和他交谈时，我发现他衣着整洁，头发梳得整整齐齐，指甲修得干干净净。难道你不认为这些小节是最好的介绍信吗？我认为这比介绍信更为重要。"

（据《读者》）

1. 在短文中把那个男孩的"介绍信"——他的小节画出来

2. 判断对错

（　）(1) 男孩是一个对别人很好的人。
（　）(2) 从男孩的衣着打扮看，他是一个有钱人。
（　）(3) 聘请工作人员的先生是个观察能力很强的人。
（　）(4) 那位先生不小心把书掉在地上。
（　）(5) 很多来见面的人有介绍信或推荐人。
（　）(6) 作者认为从小节可以看出一个人的品格和能力。

参考词语

1. 推荐　tuījiàn　（动）　把好的人或事向人或组织介绍，希望任用或接受
2. 蹭　　cèng　　（动）　摩擦，因擦过去而粘上
3. 体贴　tǐtiē　　（动）　细心考虑别人的心情和处境，给予关心和照顾
4. 果断　guǒduàn（形）　决断，不犹豫
5. 小节　xiǎojié　（名）　琐碎小事

阅读 4

中国人待客的礼仪

完形填空

　　一个中国人到别人家里，主人会称呼他为"同志"，这是社会主义国家的习惯；会跟他握手，这是西方的习惯，过去的中国人是不握手的；会请他(1)一杯茶，这是传统习惯。(2)，在短短的几分钟里，他们就显示出自己(3)了三种不同文化习惯的影响。

　　中国文化有三个来源：其中最深远、最长久的是传统伦理道德，千百年来虽然有(4)，(5)变化不大；(6)是具有中国特色的社会主义，虽然(7)六十年历史，但是得到政府法令和学校教育的支持；再次是西方影响，自19世纪中期开始，其中1949年到70年代减弱了一些，自改革开放以来(8)重新加强，在一些主要的大城市受西方影响特别明显。

(1) A. 喝　　　　B. 倒　　　　C. 送　　　　D. 递
(2) A. 所以　　　B. 这样　　　C. 最后　　　D. 因而
(3) A. 有　　　　B. 感到　　　C. 受　　　　D. 表现
(4) A. 发展　　　B. 增加　　　C. 减少　　　D. 变化
(5) A. 但是　　　B. 所以　　　C. 却　　　　D. 而
(6) A. 首先　　　B. 其次　　　C. 再次　　　D. 最后
(7) A. 没有　　　B. 有　　　　C. 只　　　　D. 只有
(8) A. 再　　　　B. 还　　　　C. 又　　　　D. 就

第四十八课

一、技　能

评读之二：作者的意图、态度和语气

热身活动

请大家一起看看以下这个小故事的两种不同版本，思考并讨论以下问题：
(1) 两个作者为什么写他们的故事？
(2) 他们对服务满意吗？
(3) 两个故事的不同点在哪里？

故事一

日前，到广州东山一家饭店吃饭，结账之前，我问服务员小姐："有没有牙签？"她立刻伸手从裤兜里取出牙签来。每人得到一份，牙签还带着她的体温。没想到牙签都是保温的，真是温暖服务！

故事二

日前，到广州东山一家饭店吃饭，结账之前，我问服务员小姐："有没有牙签？"她立刻伸手从裤兜里取出牙签来。每人得到一份，牙签还带着她的体温！我和朋友你看我、我看你，谁愿意把从一个服务员裤兜里拿出来的牙签放到嘴巴里呢？真是不卫生！

意图就是作者希望通过写作达到的目标，例如批评、开玩笑、辩护、质疑、教育等等。有时候这个目标很明显，比如热身活动故事的第二个版本；有时却需要读者去领会，比如故事的第一个版本。

态度就是作者对他正在涉及的题目的个人态度，他的态度可能是严肃的、迷信的、同情的、愤怒的、不满的等等。

语气就是读者感受到的、文字特殊的整体风格，它可能是严肃的、幽默的、沉痛的、客观的、感性的、嘲讽的、愤怒的等等。

需要注意的是,作者可能采取同步的语气来表达他的态度,如热身活动故事的第二个版本,作者对那个服务员的服务不满意,他所采用的文字风格也使我们很清晰地读到了他的不满;而另外一些作者却喜欢另一种方式,例如热身活动故事的第一个版本,作者的态度也是不满的,但他没有使用批评时通常采用的严肃语气,而是采取了轻松的、幽默的语气。

一般来说,文章的意图、态度和语气都不会被一清二楚地写出来,需要读者去感受、推测。如果一个读者不能分辨作者的意图、态度或语气,他就很容易对整个文章产生误解,即使他能明白每一个词和每一个句子。

练习

判断下列文章中作者的意图、态度或语气

(1) 早上九点,我逛北京灯市口的中国书店,见有《张岱年文集》、《张载集》各一本,黄裳的《银鱼集》两本,可我没有足够的钱。当日下午五点,我带上钱再去书店,发现上述几本书都被买走了。那本《张岱年文集》上午被我小心地藏在书架的最边上,让铁框挡着它,结果还是被人找到了。都说现在的人不读严肃的书,我不相信!好书还是有人读的,真好。

作者的态度是:愤怒的、遗憾的、愉快的、难过的

(2) 如果一群女孩毕业于男性占统治地位的艺术院校,老师都是男性的艺术家,她们的作品又受到男性批评家的赞扬,现在又参加了由男性美术赞助人和策划人主办的艺术展览,这是真正的女性艺术吗?如果是,那只是中国男性的女性主义,也算是一种中国特色吧。等到有一天,在北京召开第一次"世界夫男大会",并由女艺术家或女艺术批评家来主办一个男性艺术家展时,我们就能看到"中国女性的男性主义"了。

作者的语气是:愤怒的、严肃的、嘲讽的、客观的

(3) 用非现代化来否定古代英雄是很可笑的。按照这个观点,一个中学生就很有理由指责祖冲之为"科盲"。英雄只能属于他的时代,属于历史,而不是可以任意玩弄的泥娃娃。对历史人物的分析要走进历史。把历史人物放到现代只会不伦不类,对古代英雄也不公平。

作者的意图是:教育、质疑、辩护、嘲讽

(4) 一位有钱人去看一位哲学家,哲学家把他带到窗前,对他说:"向外看,告诉我你看到了什么?""许多人。"有钱人说。

然后,哲学家把他带到一面镜子前,问:"现在,你看到了什么?"

"我自己。"有钱人说。

"窗子和镜子都是玻璃,区别只在于一层薄薄的水银,"哲学家说,"但就是这一点水银叫你只看到自己看不到别人。"

作者的意图是:批评、嘲讽、教育、开玩笑

二、阅读训练

阅读 1

千奇百怪的玻璃

玻璃是一种用途广泛的材料,随着现代科技水平的提高,一些国家陆续研制出各种功能独特的新型玻璃。

反热玻璃。这是一种能够反射热量的玻璃。冬天在窗子上装上这种玻璃,能把室内散发到窗户上的热量反射回来,减少热量的损失,收到节能保暖的效果。

隔音玻璃。这种玻璃是用厚达5毫米的软质树脂把两层玻璃黏合在一起,它几乎可以把全部杂音都吸收了。

不碎玻璃。日本科学家发明了一种打不碎的玻璃。用氮代替玻璃中氧的成分,能提高玻璃的硬度,这种玻璃中氮的含量提高到18.2%,它每平方毫米可以承受1222千克的力,还能耐900℃的高温。

自净玻璃。这是一种能自动除去表面污渍的玻璃,它的表面涂了一种叫"光触媒"的透明膜,其主要成分是二氧化钛,能靠紫外线的能量将污染物的分子分解,它还具有杀菌作用。

防盗玻璃。这种玻璃有多层结构,每层之间有极细的金属丝,而金属丝跟报警系统连接。当盗贼将玻璃击碎时,立即会触响警报。

天线玻璃。日本试制出一种供家庭使用的电视天线玻璃窗户。安装好后,屋内的电视机就能呈现清晰的画面。

(据《海外星云》)

回答问题

(1) 讨厌擦玻璃的人可以用:_____。
(2) 可以抵抗900℃高温的玻璃是:_____。
(3) 天气寒冷的地区可以使用:_____。
(4) 可以代替电视天线的玻璃是:_____。
(5) 有5毫米厚的玻璃是:_____。

阅读 2

广告的历史

做广告似乎是人类的天性之一。从5000年前的广告雏形到现在无处不在的电视广告,广告拥有一部丰富有趣的历史。古代巴比伦人为我们留下了至今为止发现的最古老的广告遗迹——一块土板,上面雕刻了为油膏商人、抄写员和鞋匠所做的广告。据考证,这广告的诞生时间大约为公元前3000年左右。此后,人们又从埃及尼罗河畔出土的文物中发现,同一时期的古埃及人已经学会用莎纸草制成纸,用来做广告。

与上述两种广告的雏形相比,古希腊人的广告方式更有趣。当时希腊有一种人叫"城市传令员"(town crier)。每当有从远方回来的商船,船的主人就请这些传令员沿着大街小巷以唱歌的形式向人们宣传商船带回来的美酒、香料和金属。这种方法后来演变为欧洲大陆最早的公共传播方式。在英国,这一传统延续了几百年。

大约公元1100年,法国的酒店老板又将传令员的形式进一步发展。他们为了推销自己店里的美酒,请传令员吹起号角以吸引顾客,并请大家当场品尝美酒。

1525年,德国出现了世界上第一个在正式公开发行的印刷品上的广告,这个广告推销的是一种药品。

1622年,第一张英文报纸在伦敦诞生。1625年,第一个报纸广告也随着出现。广告终于进入一个全新的阶段。

(据《海外星云》)

1. 选择正确答案
(1) 作者对广告的态度:
   A. 感兴趣　　　　　B. 不太喜欢
   C. 非常反对　　　　D. 看不出来
(2) "遗迹"的意思是:
   A. 遗憾的事迹　　　B. 留下来的事迹
   C. 留下来的东西　　D. 遗憾的东西

2. 填表（有的栏目可空白）

时间	做广告的人	广告形式	广告内容
公元前3000年			
	古埃及人		
		唱歌	
1100年			
	德国人		
		报纸	

参考词语

1. 天性　　tiānxìng　　（名）　天生具有的品质或性情
2. 莎纸草　shāzhǐcǎo　（名）　古代生长在今埃及尼罗河流域的一种草,把茎部剖成薄片后压平,可写字
3. 雏形　　chúxíng　　（名）　未定型前的形式
4. 考证　　kǎozhèng　　（动）　研究历史问题或文献时,根据资料来考核、证实和说明
5. 推销　　tuīxiāo　　（动）　推广货物,使更多人买
6. 号角　　hàojiǎo　　（名）　一种吹奏乐器,形状像牛角

阅读 3

纽约不设防

尽管纽约是个世界村,但人与人的交往却是很容易的。陌生人见面打招呼很随便,谈谈天气,有时候问问狗,接着就可以打听对方干什么工作,甚至家里有什么人。在欧洲类似的问题一般不问,要不就是比较熟悉了以后再问。美国,尤其是纽约,生活节奏比较快,人们爱在尽

可能短的时间里了解对方,也就顾不上那么多繁复的礼节和讲究了。

有一次坐地铁,跟一个白人小伙子坐在一起聊起来,知道他在电脑公司工作。正好我有朋友准备买电脑,我趁机跟小伙子打听,发现他开的价比我一些做电脑生意的中国朋友开的价还低。后来我朋友真的从小伙子的公司买了电脑,说质量不错,而且服务周到、送货上门,还负责安装检测,朋友很是满意。后来我跟小伙子成了朋友,还出去玩儿了几次。二十分钟的谈话,就省了几十美元,陌生人往往比熟人管用,这就是快捷交际的魅力。

美国人交际讲究诚实,直截了当。到别人家做客,主人会问:"想喝什么?"千万别客气,想要什么就直说。美国人往往只问一次。想喝又讲客气,那往往只能看着别人喝饮料,自己嗓子冒烟干着急。当然,由于世界村的缘故,有些纽约人对许多国家的习惯有一定了解,对初来乍到的外国人比较照顾。我刚到纽约不久,去一个纽约人家里过圣诞,吃饭时,男女主人好几次问我喝什么酒,要什么菜。他们有许多中国朋友,知道中国人讲客气,知道我刚到美国,自然照顾很周到。但第二次去他家,就随便多了,想喝什么,自己去冰箱里拿。在别人家做客,常有在家的感觉。

当然,纽约人,尤其是欧洲移民后裔,在美国生活了好几代的美国人,在交往上也不是完全不设防的。宗教、政党、年龄、婚姻一般不问。收入更是谈话禁忌。有个美国人跟我一个朋友相识、相爱了。我朋友后来想读博士,想让那个美国人做经济担保,他一口回绝,说结婚以后有了亲属关系才能担保。经济担保书要把一年所有收入、纳税情况写得一清二楚,而对好多美国人来说,这样做就像要他脱光衣服把身上的缺陷展示给路人一样。

(周小兵)

选择正确答案

(1) 在纽约,人与人的交往有什么特点?
    A. 随便快捷   B. 不讲客气,没有礼貌
    C. 陌生人见面一般只问问天气和狗   D. 很随便,一见面就可以问任何问题

(2) 为什么纽约人之间的交往有这样特点?
    A. 因为纽约是世界村   B. 因为纽约生活节奏快
    C. 因为纽约人对人热情周到   D. 因为纽约人特别想了解别人

(3) 一般中国人到美国人家做客,可能会怎么样?
    A. 太随便   B. 太客气
    C. 不够诚实   D. 不知道喝什么

(4) 美国人最不希望别人知道自己的:
    A. 年龄   B. 宗教信仰
    C. 婚姻情况   D. 收入和纳税情况

(5) 关于纽约人,以下说法正确的是:
    A. 陌生人比熟人更管用
    B. 人与人之间的交往很容易
    C. 他们对外国的风俗习惯比较了解
    D. 他们对人不太好,甚至不愿意帮助女朋友

(6) 作者对纽约的态度是:
    A. 不喜欢   B. 无所谓
    C. 比较喜欢   D. 看不出来

(7) 作者的写作意图是:
    A. 批评   B. 赞美
    C. 介绍   D. 提建议

参考词语

1. 设防   shèfáng   (动)   设置防卫措施,把某地保护起来
2. 魅力   mèilì   (名)   特别的吸引力
3. 直截了当   zhíjiéliǎodàng   (语言、行动等)简单爽快,不转圈子
4. 禁忌   jìnjì   (名)   指不能说的话或不能做的事

阅读4

大地的眼睛

从早到晚风风雨雨,寒气袭人。我不止一次地听失去爱人的妇女说起,仿佛人的眼睛往往要比知觉死得早。有时临死的人竟会说:"怎么啦?我亲爱的,我看不见你们啦!"这就是说眼睛已经死了,说不定一

个时刻以后连舌头也会不听使唤了。且说我脚边的湖吧,也是如此。在民间传说中,湖就是大地的眼睛,这点我是早已经知道的。大地的眼睛要比万物更早地逝去,更早地感到日光的消失,在森林中刚刚展开争夺落日余晖奇景的时候,在有些树木的梢头燃起了熊熊的火焰,宛如树木本身放的光,湖水却好似死了一般,就像座埋着冰冷的鱼的坟墓。

雨,使得农民们苦恼万分。雨燕早已经飞走了。泥燕群集在田野上。天气已经冷过两回。椴树自根到梢完全黄了。遍地铺满了落叶。鸸鸟出现了。夜晚变长了……

(据苏联普里什文《大自然的日历》)

回答问题

(1) 作者在一天中的什么时候感觉到湖是大地的眼睛?
(2) 文章写的是什么季节?
(3) 一天中的什么时候,大地"死"了?
(4) 一年中的哪个季节,大地"死"了?
(5) 树梢是树的哪个部位?
(6) "在有些树木的梢头燃起了熊熊火焰",树木真的烧起来了吗?

参考词语

1.	知觉	zhījué	(名)	人对外界环境的感觉
2.	使唤	shǐhuan	(动)	叫人替自己做事
3.	余晖	yúhuī	(名)	傍晚的阳光
4.	坟墓	fénmù	(名)	埋死人的地方
5.	苦恼	kǔnǎo	(形)	痛苦、烦恼

第四十九课

单元复习

阅读1

旅游广告

根据以下广告内容填空

（1）你想游厦门、武夷山，如果钱和时间不太多，应该跟（　　　　　）联系，电话是（　　　　　）；如果钱和时间多都比较多，可以跟（　　　　　）联系。

（2）只游黄山，如果你想便宜一点，应该（　　　　　）出发。如果你只能星期五、六出发，每人需要交（　　　　　）元，联系电话是（　　　　　）。

（3）如果你刚结婚，想5月1日跟爱人一起去桂林、漓江等地旅游，可以跟（　　　　　）联系，两个人需付（　　　　　）元。

（4）如果你想去马来西亚、泰国、新加坡、香港、澳门旅游，联系电话是（　　　　　），要交（　　　　　）元，每月（　　　　　）出发。

中国康辉旅行社总社

1. 东南亚异国风情游

旅行路线	出团时间	价格（元）
泰国	每周一、四	4600
泰澳	每周四	6480
泰港	每周四	6680
新马泰	每月20日	8600
新马泰港澳	每月20日	10800

2. 国内旅游线路精选

旅行路线/时间/方式	出团时间	价格(元)
海南 5 日双飞	每周五	3500
昆明/版纳 7 日四飞	每周四	4550
长江三峡豪华游	每周一	3780
黄山四日双飞	每周日	2280
武夷山/厦门 5 日双飞	每周五	3480

注:出国旅游团请提前 45 天报名
出境旅游咨询电话:66180302、66189533、66188631-3241
国内旅游咨询电话:66186833、66189531-3242、3225
特价机票:66151633、66159435(免费送票)
地址:地安门西大街 5 号

中国太和旅行社三九国际旅游部前门营业处

旅行路线	方式/时间	出团时间	价格
昆明/大理/石林/版纳/缅甸	4 飞 8 日	4 月 28 日	4850
桂林/漓江/阳朔/冠岩	双飞 4 日	每周五	3250
厦门/武夷山	3 飞 6 日	4 月 28 日	3750
黄山一地	双飞 6 日	每周五、六	3750
泰山曲阜	双飞 4 日	每周五	2180
海南	双卧 4 日	每周五	640

注:前四条线路在"五一"期间对新婚夫妇实行 9.5 折优惠
1 部地址:北京市朝阳区呼家楼宾馆 516 室
电话:65928328、65928329、65068833-3402
2 部地址:西城区百万庄子区 38 号楼 302 室
电话:68315927、68325651

(据《中国青年报》)

阅读 2

1. 课前准备

全班同学分两组

(1) 请第一组同学问问认识的中国朋友三个问题:什么是"班尼路"?什么是"普拉达"?什么是"A货B货"?

(2) 请第二组同学在网络上寻找上述三个问题的答案。

2. 读前讨论

(1) 请两个小组的同学分别介绍三个问题的答案。

(2) 大家学习以下几个词语,并推测以下这篇文章可能是讲什么的?

  名牌   消费   (准)中产阶级   奢侈

班尼路、普拉达、A货B货

  电影《疯狂的石头》给班尼路造成了巨大的负面影响。因为黑皮的一句带着方言口音的:"班尼路,名牌!"众多准中产阶级们迫不及待地与班尼路划清界线。同样是一部电影,《穿普拉达的女魔头》却对普拉达起到了良好的宣传作用。

  前段时间广州、深圳有奢侈品展,看宣传觉得自己住得离纽约第五大道不远了。不过有专家泼了点儿冷水,说咱们这儿"断裂"了。专家的意思是说我国中产阶级大部分人只能以消费班尼路的水平遥望普拉达。

  当然不只是遥望,因为有A货B货。班尼路、A货B货和普拉达,代表着中国准中产阶级消费不远的过去、真实的现在和不久的未来。

  香港电影《A货B货》比较长知识。电影里有上课的场景,教大家读那些非英语发音的名牌读法,比如HERMES。

  不过这部电影最牛的还是一句台词。一校长教育学生:"体育最重要的无关胜负,而是尽力而为的体育精神,怎么证明你们尽力而为了?我们设立了金、银、铜三种奖牌,拿到奖牌就说明你们尽力了。"《A货B货》实际上就是这么回事,电影的主题好像是亲情爱情不能有A货,但以卖A货为生的老爸老妈最终赢得女儿的理解。《穿普拉达的女魔头》也一样,虽然最后安妮·海瑟微抛弃虚荣回归理想,但电影的卖点还是一堆衣服鞋包。

看来,人不能让东西做主,这事说着容易做起来难啊。

(据孙朝阳文)

3. 选择正确答案

(1) 作者对"准中产阶级"的态度是:
  A. 嘲讽的　　B. 同情的　　C. 不满的　　D. 看不出来

(2) 作者对电影《疯狂的石头》的态度是:
  A. 喜爱的　　B. 反感的　　C. 批评的　　D. 看不出来

(3) 作者对电影《A货B货》的态度是:
  A. 喜爱的　　B. 反感的　　C. 批评的　　D. 看不出来

(4) 作者对电影《穿普拉达的女魔头》的态度是:
  A. 喜爱的　　B. 反感的　　C. 批评的　　D. 看不出来

(5) 作者写文章的意图是:
  A. 评论电影　　　　　　　　B. 讨论什么牌子好
  C. 讨论中产阶级的消费观　　D. 说明人很难不追求物质

(6) 作者的语气基本上是:
  A. 客观的　　B. 严肃的　　C. 嘲讽的　　D. 愤怒的

参考词语

1.	负面	fùmiàn	(形)	坏的,不好的一面,反义词是正面
2.	迫不及待	pòbùjídài		形容心情很急,急得不能等待的意思
3.	界线	jièxiàn	(名)	在两个不同地方划分边界的线
4.	泼冷水	pō lěngshuǐ		用语言或者行动去打击别人的热情
5.	牛	niú	(形)	这里是很棒很厉害的意思
6.	尽力而为	jìnlì'érwéi	(动)	尽自己的最大力量
7.	虚荣	xūróng	(名)	虚假的、虚幻的荣耀
8.	卖点	màidiǎn	(名)	表示卖的东西有很特别的吸引人的地方

阅读 3

什么时候开窗换气最好?

一般家庭都在早上起床后开窗换气,认为此时空气新鲜。其实,空气新鲜不新鲜,主要取决于污染的轻重,取决于污染源的多少。

当地面温度高于高空温度时,地面的空气上升,污染物容易被带到高空扩散;当地面温度低于高空温度时,天空中就容易形成"逆温层",它像一个大盖子一样盖在地面上空,使地面空气中各种污染物不能扩散。一般在夜间、早晨和傍晚地面温度低于高空温度时,容易出现逆温层,所以此时空气最不干净。

白天太阳出来后,地面温度迅速上升,逆温层就会逐渐消散,于是污染物也就(　　　　)。据科学家们检测,在一天二十四小时中,上午、中午和下午空气污染很轻,其中上午十点至下午三四点空气最为新鲜,所以(　　　　　　　);早上、傍晚和晚上空气污染较为严重,其中尤以早上七点左右为污染高峰时间,(　　　　　　　)。

(据《羊城晚报》)

1. 根据文章内容推测空格内的内容并写出来

2. 选择正确答案
(1) 第一段里"主要取决于污染的轻重"中的"取决"可以用下列哪一个词语代替?
   A. 争取　　　　　　　　B. 决心
   C. 取得　　　　　　　　D. 决定
(2) 根据本文,什么时候开窗换气比较好?
   A. 早上和上午　　　　　B. 上午和下午
   C. 下午和傍晚　　　　　D. 晚上和夜间
(3) 根据文章,什么时候空气比较新鲜?
   A. 风比较大的时候　　　B. 地面温度低于高空温度时
   C. 高空温度低于地面温度时　D. 地面温度和高空温度一样时

(4) 根据文章,逆温层的主要作用是什么?
    A. 使污染物容易扩散   B. 使污染物不易扩散
    C. 使地面温度低于高空温度   D. 像盖子一样盖在地面上空

参考词语

1. 源   yuán   (名)   来源
2. 扩散   kuòsàn   (动)   扩大分散出去
3. 逆   nì   (形)   向着相反的方向,跟"顺"相反

阅读 4

台湾风俗简介

台湾民间的传统节日和大陆大同小异。最重要的节日依次有春节、元宵节、清明节、端午节、七夕节、中秋节、重阳节、除夕等。过节的形式也和大陆相似,比如:春节有走亲访友的拜年习俗,元宵节吃元宵、猜灯谜,端午节吃粽子、赛龙舟,中秋节赏月、吃月饼,重阳节登高远足,除夕之夜全家团圆等。

台湾的结婚习俗与大陆也有类似之处,但台湾特别是农村地区的习俗更加传统。如同姓不结婚的习俗在台湾依旧流行,而且"周、苏、连"、"陈、胡、姚"、"徐、余、涂"等三姓,以及"萧、叶"、"许、柯"等两姓,也被认为属于同一祖先,互不通婚。婚礼仪式虽有改变,方式逐渐多样化,但仍较重视中国传统的婚礼。

台湾的丧葬习俗保留了更多的闽粤古风。至今,台湾民间仍然流行土葬,选择墓地时很重视风水。台湾民间还有"捡骨"的风俗,也叫"二次葬",意思是第一次丧葬时比较简单,不正式立墓碑,等到五至七年以后再选择一个好日子开墓,捡拾遗骨,重新正式安葬。在台湾西南沿海,"捡骨"是一种专门的行业。

(选自百度百科)

1. 选择正确答案
(1) 第一段中的"大同小异"是什么意思?
   A. 很相似　　　　　　　　B. 完全一样
   C. 完全不一样　　　　　　D. 有的地方相同,有的地方不同
(2) 在台湾,下面哪组姓氏的人可以结婚?
   A. 周、莲　　　　　　　　B. 胡、姚
   C. 萧、许　　　　　　　　D. 徐、涂
(3) 文章第三段主要讲什么?
   A. 台湾流行土葬　　　　　B. 介绍"捡骨"风俗
   C. 什么是"闽粤古风"　　　D. 台湾的丧葬习俗

2. 回答问题
总的来说,与中国内地相比,台湾的风俗习惯有什么特点?

参考词语

1. 丧葬　　　sāngzàng　　（名）　　人去世后举行丧礼并处理尸体
2. 闽粤　　　Mǐn-Yuè　　　　　　　　福建省和广东省的简称

阅读 5

两个同学一组,一个同学阅读第1段,另一个同学阅读第2、3段,然后完成阅读任务

写给妻子的信

　　我不是说今天只准备写两页信吗?可这是不行的。两岸的小鸟叫得动人得很,我学它们叫,文章也写不下去了。现在我已经学会了这种曲子,我只想在你面前装成一只小鸟,请你听我叫一会儿。南方与北方不同的地方就在这里,南方的冬天也有莺、画眉、百舌。(1) 水边的大石头上,只要天气好,每早就有这些快乐的鸟在上面晒太阳,很自得地啭着喉咙。人来了,船来了,它们便飞入岸边的竹林中去。(2) 过一会儿,又在竹林里叫起来了。从河中还常常可以看到岸上有黄山羊跑着,向树林

深处跑去。这些东西和上海法国公园养的小獐一个样子,同样的毛色,同样的美丽而安静,不过,黄山羊胖一点点。

....

　　我天生就好像是要给你写信的。在你面前时,我不知道为什么总是让你生气,非得写信道歉不可。一离开你,那就更要时时刻刻写信不可了。如果我们就那么分开了三年两年,我们的信一定可以有一箱子。<u>我总好像要跟你说话,又永远说不完。</u>(3)在你身边,我明白口并不完全是说话的工具,所以还有沉默的时候。但一离开,这只手除了给你写信,就做不好别的事了。

　　我想起我们那么好,就忍不住轻轻地叹息,我幸福得很。<u>有了你,我什么都不缺少了。</u>(4)

二　哥
十六午前十一点二十分

　　注:这封信是中国现代著名作家沈从文1934年1月16日写给他妻子张兆和的信,据他们的书信集《湘行记》。

1. 阅读任务1:两位同学各用一句话介绍你们阅读的内容。

2. 阅读任务2:分别分析作者写这些内容的意图。

3. 现在请两位同学把文章读完并完成练习
文章中画线句子哪些部分是事实,哪些部分是作者的意见?

第五十课

一、技　能

视幅训练之一：按词切分句子

热身活动

教师在黑板上写："我在中国学习汉语。"几位不同国籍的学生在黑板上用母语翻译这句话。

请学生观察，与别的语言相比，汉语在词语的排列上有什么不同？

相信大家很快就看出不同来了：汉语的书写形式跟拼音文字不同，词与词之间没有空间距离，而拼音文字的词与词之间则有明显的间隔空间。换句话说，读汉语时，你看到的是一个一个的汉字，哪两个或几个汉字在一起组成一个词是需要你自己去判断的。

你能很清楚地把词分开吗？热身活动的这句话的词应该这样分：

我／在／中国／学习／汉语。

词可以是一个汉字，比如：人、的、是、我、也，我们称这些词为单音节词，"单"就是"一"的意思；词也可以是两个汉字，比如：中国、汉语、餐厅、华人，我们称这些词为双音节词，"双"就是"二"的意思；词还可以是三个汉字，比如：服务员、留学生；词还可以是三个以上的汉字，但是数量不太多。

有人根据词典做过统计研究，现代汉语中双音节词占了80%以上，所以，大部分的词是两个汉字的。现在，你试试你能正确地把词分开吗？

练习

1. 把下列句子按词分开

例如：我／在／中国／学习／汉语。

(1) 人人脸上挂着笑，个个手中捧着花，我觉得好像漫步在广州的花市上。

(2) 一种历史久远的文化，能把它深厚的影响传播到世界每一个角落；一个胸怀博大的国家，能包容多种文化习俗。

(3) 我给华人寄贺年卡，也给其他人寄。我收到华人寄来的贺年卡，也收到其他人寄来的。

(4) 他们的共同心愿是，希望有一天，没有一个儿童因为贫困而失学。

(5) 一个心理学家做了一个很有意思的实验。

(6) 他让参加实验的人在星期天晚上把他估计下星期会发生的烦恼的事情都写下来，然后放到一个大的"烦恼箱"里。

(7) 记者在儿童书店采访了一个正在读书的小男孩。

(8) 书店的工作人员告诉记者，因为是给孩子看的书，许多出版社都用漂亮的颜色、好看的封面和有趣的图画吸引孩子，这样的书价格就肯定不会便宜，很多家庭买不起。

(9) 绿色蔬菜指的是没被污染的蔬菜。

(10) 小时候我就从母亲那里听到过一些有关中国的故事。

2. 请给以下句子分词

(1) 乒乓球拍卖完了。

(2) 林心如果然很漂亮。

(3) 水果筐中有一个烂水果。

(4) 联合国人口资料显示……

(5) 副首领海德里希望着海顿和莫扎特的乐谱发呆。

二、阅读训练

阅读 1

地球的"内症"

人口爆炸、环境污染和资源短缺，严重威胁到人类的生存与发展，成为当前迫切需要解决的世纪性难题。据联合国人口资料显示，到2050年，人口数字将达到125亿。庞大的人群为舒适而剜肉补疮，造成了地球的"内症"。据《光明日报》报道，水利部的专家调查表明：中国河流半数以上严重污染，其中有二千公里江河鱼虾绝迹，且水污染向深层发展。影响和危害最大的生态危机是由于燃烧有机原料而对大气层的污染,而"温室效应"更进一步强化了这种污染。随着无休止的"工业呕吐",大量有机燃料的燃烧,大气层中的二氧化碳及其他有害气体数量还在增加。

人类为了自身的需要,越来越多地消耗地球上的原始动植物资源。目前,每天至少消失140种植物和动物,每年有1700～2000万公顷的热带森林毁灭。这些热带森林好像地球的肺部,保持着空气中养分的正常供应。

环境的极度破坏将给人类带来恶劣的影响。如果林木都砍完了,水土就一定会流失。如果水果筐中有一个烂水果,不出多少天就一定会影响全体。环境问题科学家说,现在连南北极也开始有了微量污染——世上已无一处幸免于污染。

我以为,人类如果不能积极地补养自然,至少也该停止无限制地开发。

(伍立杨)

1. 一边读一边用斜线分词

2. 选择正确答案
(1) 根据文章的第二段,下面哪句话正确?
    A. 地球上原始动植物越来越少
    B. 每天有140种动物和植物消失
    C. 热带森林多,空气里的氧分就少
    D. 每年还会有1700多公顷热带森林生长
(2) 文章第三段说"如果水果筐中有一个烂水果,……"是为了说明什么?
    A. 环境污染会影响水果生产
    B. 南北极的污染是由世界其他地方影响的
    C. 环境污染会从一个地方传到另一个地方
    D. 南北极的污染很快会影响世界其他地方
(3) 文章哪一段表达了作者的愿望?
    A. 第一段   B. 第二段   C. 第三段   D. 第四段
(4) 这篇文章的主要意思可以用哪一个段落的第一句话表示?
    A. 第一段   B. 第二段   C. 第三段   D. 第四段

参考词语

1. 威胁　　　wēixié　　　　　　（动）　用威力强迫吓唬使人屈服
2. 剜肉补疮　wānròu-bǔchuāng　　　　　挖自己的肉去补长了疮的地方,比喻用有害的方法救急
3. 绝迹　　　juéjì　　　　　　（动）　消失了,完全见不到了
4. 有机　　　yǒujī　　　　　　（形）　跟生物体有关或从生物体发展而来的,与人工的化学成分相对的
5. 二氧化碳　èryǎnghuàtàn　　（名）　CO_2
6. 幸免　　　xìngmiǎn　　　　（动）　由于偶然原因而避免（灾难）

阅读2

跛

友人从美国来香港,很不幸的是,他来之前把脚摔断了,只好挂着拐杖走出机场。

"我下飞机的时候坐着轮椅,"他说,"海关人员对我特别客气,都很可怜我,所以行李也不用检查。"

后来我们就去尖沙咀某饭店喝酒。我在东南亚出生,很喜欢穿拖鞋,今天也不例外。

哪知服务员过来说:"先生,我们这里是不许——"他看着我的拖鞋,很不好意思地说。这种情形之下,第一是大发脾气,漫骂一场,第二是到别的地方去。

前者我不赞成,后者又嫌太麻烦。怎么办?

我马上按着脚,说:"前几天脚底插了一颗钉子,不能走路,你没有看见我现在是跛子吗?"说完,拿了友人的拐杖放在身边,服务员立刻显出无限同情:"我去和上级商量一下,一定不成问题。"

我点头道谢。果然,他们没有赶我走。

后来我去洗手间,还要假装成一跛一跛的,友人大笑,旁桌的人很不满地看他,以为他在取笑一个残疾人。

这就是人生的态度。吵起来大家不愉快，何必呢？不能穿拖鞋走进饭店，这也是规矩，与服务员本人无关，与他理论，费时费事；让人讲几句，马上低头走掉，又不甘心。

幸亏凡事总有幽自己或别人一默的解决办法。你说是不是？

（蔡澜）

1. **用自己的话解释以下词语的意思**
   (1) 跛：
   (2) 拐杖：
   (3) 聋：
   (4) 哑：
   (5) 助听器：
   (6) 轮椅：
   (7) 残疾（人）：

2. **选择正确答案**
   (1) "先生，我们这里不许——"指不许做什么？
       A. 喝酒　　　B. 进去　　　C. 拄拐杖　　　D. 穿拖鞋
   (2) "我"写作的目的是：
       A. 批评　　　B. 讲道理　　C. 开玩笑　　　D. 讲故事
   (3) "我"是个怎么样的人？
       A. 骗子　　　B. 残疾人　　C. 幽默的人　　D. 严肃的人
   (4) 本文的主要观点是：
       A. 去饭店千万不要穿拖鞋
       B. 残疾人得到很多同情和帮助
       C. 残疾人要正确对待自己的残疾
       D. 凡事都有令大家都满意的解决办法

参考词语

1. 拖鞋	tuōxié	（名）	后半部分没有鞋帮的鞋，一般在室内穿
2. 发脾气	fā píqi		因为不满意而吵闹或骂人
3. 理论	lǐlùn	（动）	争论，讲道理
4. 甘心	gānxīn	（形）	愿意，称心满意
5. 幽默	yōumò	（形）	有趣可笑

阅读 3

办公室设施的改革

办公室文员
通常正襟危坐，
科学家早就警告过，
这会使脊椎和腰部
处于长久负重状态，
日久天长，
加快衰老，
引起种种病态。

为了使文员们
在工作时处于
最佳的工作状态，
欧美设计家
已开始推出
最新的办公室设施，
在21世纪推广，
其中包括
特殊安置的电脑架
和躺着工作的躺椅。

躺着工作，
使脊椎和腰部的压力
减到最小，
并能使思想和情绪
处于活泼的状态中，
有利于创意和灵感
不断产生。

（亦嘉）

选择正确答案

(1) "正襟危坐"的意思是：
   A. 危险地坐　　B. 端正地坐
   C. 衣襟整齐地坐　D. 随便地坐

(2) 根据文章的意思，怎样会容易生病？
   A. 躺着　　　　B. 一般的坐
   C. 衰老的时候　D. 坐的时间很长

(3) 哪里的设计家开始推出新的办公室设施？
   A. 办公室　　　B. 欧洲
   C. 美洲　　　　D. 欧洲和美洲

(4) "佳"是什么意思？
   A. 好　　　　　B. 新
   C. 舒服　　　　D. 聪明

(5) 文章第二段的主要意思是什么？
   A. 介绍躺椅及其好处
   B. 介绍特殊安置的电脑架
   C. 谁设计了新的办公设施
   D. 什么时候要推出新的办公室设施

(6) 新办公室设施的作用是什么？
   A. 减少病痛，使身体健康
   B. 使思想和情绪处于活泼状态中
   C. 使脊椎和腰部的压力减到最小
   D. 使人的生理心理处于最佳状态

(7) 文章最后的"创意"跟哪个词语最接近？
   A. 创作　　　　B. 开创
   C. 创作的意义　D. 创造性的想法

参考词语

1. 设施　　　shèshī　　　（名）　　为了进行某种工作或满足某种需要所必需的成套的建筑、物件（设备）、机构、系统、组织等
2. 脊椎　　　jǐzhuī　　　（名）　　人背部的主要骨架，由33块椎骨组成
3. 负重　　　fùzhòng　　（动）　　压着很重的东西
4. 活泼　　　huópō　　　（形）　　自然生动，不呆板
5. 灵感　　　línggǎn　　（名）　　突然产生的有创造性的想法

第五十一课

一、技 能

视幅训练之二：按词阅读

热身活动

教师准备 N 个句子，并把每个句子分别写在两套卡片上。一套的每张卡片上写一个汉字（但卡片后有序号），另一套的每张卡片上写一词语。把学生分成 N×2 组，任务都是把卡片按顺序排好，还原那 N 个句子。看用哪一种卡片的小组比较快完成。

即使汉字卡片组可以按序号来排，但那些用词语卡片的小组是不是还是排得比较快呢？原因很明显，词语卡片少得多。这就是我们要训练视幅的原因。

视幅是指眼球不动的时候，能识别文字数量的视觉宽度。

初学汉语的人，视觉幅度很窄，眼球不动时，通常只能识别一两个汉字。掌握了阅读技巧的人，视幅比较宽，眼球不动时能识别七八个以至十几个汉字。

请你看一次这句话：

一个心理学家做了一个很有意思的实验。

想想你刚才是怎么看这句话的？是这样的吗？

一/个/心/理/学/家/做/了/一/个/很/有/意/思/的/实/验。

一个一个汉字地识别，这句话你总共识别了 17 次，识别的次数多了，你的阅读速度就减慢了。

还记得我们上节课学习的分词训练吗？就是把汉语的句子按照词语分开。请你再阅读一次这句话，这一次按照词语来识别。记住，阅读一个单位时眼球尽量保持不动：

一/个/心理学家/做/了/一/个/很/有意思/的/实验。

数一数你的眼球一共移动了多少次？11 次，是不是比 17 次减少了很多？

视幅宽广，阅读速度快，学习效果好；视幅窄小，阅读速度慢，学习效果不好。你知道吗？扩大视幅是可以训练的。只要你愿意努力，我们就来试试吧。

练习

1. 以斜线内或标点符号之间的词语为单位阅读下列材料并判断正误

初一/ 晚上/ 我/ 应邀/ 去/ 唐人街/ 聚餐。餐厅/ 是/ 华人/ 开/ 的。服务员/ 都/ 是/ 华人,说的/ 是/ 家乡/ 话,喝的/ 是/ 家乡/ 茶,吃/ 的/ 是/ 家乡/ 菜,就/ 像/ 在/ 家乡/ 过年/ 似的。聚餐/ 的/ 有/ 中国人、美国人、日本人、德国人、韩国人。一共/ 坐/ 了/ 三/ 桌,有些/ 是/ 初次/ 见面。有/ 四/ 对/ 夫妻/ 和/ 三/ 对/ 恋人,都/ 由/ 不同/ 民族/ 的/ 人/ 组成,交际/ 得/ 说/ 英语。当然,其中/ 的/ 外国人/ 多少/ 了解/ 一些/ 中国/ 文化。有的/ 会/ 中国/ 武术,有的/ 懂/ 中国/ 气功,有的/ 对/ 中国/ 美术/ 有/ 研究,还/ 有的/ 到/ 中国/ 学/ 过/ 汉语。近/ 几/ 年,他们/ 年/ 初一/ 都/ 到/ 唐人街/ 跟/ 华人/ 一起/ 过年。有/ 一/ 个/ 叫/ 大卫/ 的/ 美国/ 人/ 在/ 中国/ 跟/ 我/ 学/ 过/ 汉语,他说:"回来/ 几/ 年/ 了,汉语/ 忘/ 了/ 一些,但/ 中国/ 文化/ 已经/ 留/ 在/ 我/ 身体/ 里/ 了。我/ 常/ 来/ 唐人街/ 吃/ 中国/ 菜,逛/ 中国/ 商店,用/ 汉语/ 跟/ 华人/ 聊天。来/ 这里/ 就/ 像/ 回/ 到/ 中国/ 一样。"

(周小兵)

( )(1) 本文作者"我"是美国人。
( )(2) 聚餐的人来自6个国家。
( )(3) 近几年,这些外国人在中国春节时都会去唐人街。
( )(4) 大卫现在正在跟"我"学习汉语。
( )(5) 大卫刚回到自己的国家。
( )(6) 大卫认为吃中国菜、逛中国商店是体验中国文化的一种方法。

2. 请把下面一段话按词划分并填空

苏格兰/科学家/说,他们运用克隆技术培育出了第一只绵羊。这项技术的突破有可能使我们对人类的囊性纤维变性和肺气肿等疾病取得进一步的了解。设在爱丁堡的罗斯林研究所的科学家说:"这只绵羊是用取自成年绵羊组织中的一个乳腺细胞核培育出来的第一只绵羊。"

(1) _____ 的科学家用克隆技术培育出第一只绵羊。

（2）这只绵羊是从＿＿＿＿＿＿＿＿＿＿＿＿＿＿＿＿＿＿＿＿＿培育出来的。
（3）克隆绵羊的技术可能使我们更加了解＿＿＿＿＿＿＿＿＿＿＿＿＿＿。

二、阅读训练

阅读 1

旅游广告两则

根据下面两则广告填空
（1）你有 8 天时间，准备花 5000 元，到＿＿＿＿＿＿＿＿＿＿＿＿＿＿旅游比较合适。
（2）你想到杭州旅行，可以跟旅行社联系，电话是＿＿＿＿＿＿＿＿，要交＿＿＿＿＿＿元钱。
（3）你想到成都、九寨沟玩儿，可以跟＿＿＿＿＿＿＿旅行社联系，可能需要＿＿＿＿＿＿天时间。
（4）你打算参加泼水节，必须应该跟＿＿＿＿＿＿＿联系，必须＿＿＿＿＿＿出发。
（5）你想到马来西亚旅游，可以找＿＿＿＿＿＿，号码是＿＿＿＿＿＿＿＿＿＿。
（6）不愿意坐火车在国内旅游的人，可以参加＿＿＿＿＿＿＿游，旅行社的地址是＿＿＿＿＿＿＿＿＿＿＿＿＿＿＿＿＿＿＿＿＿＿。

协力国际旅行社

　　本社为中央一类社，值农历"三月三"之际，特推出赴西双版纳参加泼水节活动，最后机会，报名从速。

旅行路线	方式/时间	出团时间	价格（元）
昆明/西双版纳/缅甸/石林/大理	4飞双卧8日	4月6日	4950
新加坡、马来西亚	北京出入境 8日	5月21日、23日	6800

　　我社另备有多条旅游线路，还可以代办护照、签证。欢迎来电询问！
　　电话：65270232、65272131、65277214
　　地址：东城区南河大街111号

王府国际旅行社 （中央一类社）

以诚待客　　以质取信　　服务承诺　　签约保证

旅行路线	方式/时间	出团时间	价格(元)
海南环岛游	8日双飞	4月30日	3600
张家界/茅岩河/天子山/黄龙洞	8日双卧	4月28日	1600
成都/乐山/峨眉/都江堰	7日双卧	4月21、28日	2280
黄山/千岛湖/杭州	8日双卧	4月26日	2360
西安/华山	6日双卧	4月29日	1630
成都/松潘/黄龙/九寨沟	9日双卧	4月26、5月9日	3080
成都/乐山/峨眉/重庆/三峡/武汉	9日双卧	4月26、5月9日	3350

以上线路报名从速，另备有国内外其他旅游线路，欢迎垂询洽谈。
电话：62049968、62054353 传真：62054357
地址：海淀区花园路15号院办公楼二层王府国旅二部

（据《中国青年报》）

参考词语

1. 隶属　　lìshǔ　　（动）　　从属于
2. 从速　　cóngsù　　（副）　　赶快
3. 代办　　dàibàn　　（动）　　替人办理，帮助办理

阅读 2

按生活需要选择吃的

筋疲力尽吃什么？
可在口中嚼上
一些花生、腰果
等干果。
这类食品
对恢复体能
有很好的功效。
因为它们含有
丰富的蛋白质、维生素C、E。

选择正确答案
（1）根据文章，什么时候吃花生比较好？
　　A. 整天坐办公室时
　　B. 很累的时候
　　C. 需要维生素C时
　　D. 发脾气的时候

坐在办公室吃什么？
整天
坐办公室的人
日晒机会少，
容易缺乏维生素D，
需要多吃
鸡肝、海鱼类等食物。

脾气不好吃什么？
一项有趣的实验
证实，
如果在不良少年的
食物中加钙，
就能减少
其攻击性和破坏性。
因为钙有安定情绪
的效果。
牛奶制品
以及小鱼干等
都含有丰富的钙质。

紧张时吃什么？
心理压力大的时候，
人体会消耗比
平时多8倍以上的
维生素C，
所以应多吃
富含维生素C的食物，
如菜花、菠菜、水果等。

(2) 海鱼、鸡肝等含什么？
    A. 维生素B
    B. 维生素C
    C. 维生素D
    D. 维生素A

(3) 根据本文，钙有什么作用？
    A. 恢复体能
    B. 补充维生素D
    C. 减少心理压力
    D. 使人的情绪得到安定

(4) 根据本文，什么样的人需要喝牛奶？
    A. 脾气不好的人
    B. 怕喝醉酒的人
    C. 整天坐办公室的人
    D. A和C

（据《广州文摘报》）

参考词语

1. 蛋白质	dànbáizhì	（名）	天然的高分子有机化合物，是生命的基础
2. 脾气	píqi	（名）	性情，性格

阅读3

周璇答记者问

周璇,生于1918年,是中国20世纪三、四十年代最著名的电影明星之一,她唱的歌特别受欢迎,被称为"金嗓子"。以下是1949年她接受记者采访的记录。10年后周璇自杀而死。

问:你和白杨是学生们最喜欢的女演员,他们羡慕你,你高兴吗?

答:当然高兴。他们羡慕我,其实我也羡慕他们,他们是一群时代骄子啊。学生生活多好,我是一个失学的人。

问:人家称你为"金嗓子",当你唱歌的时候,你认为你有什么特殊的地方,请你坦白说,是否名副其实?

答:只有惭愧!唱时没有什么特殊的地方,不过在没唱之前,总是先体会一下歌词的意义。"名副其实"是你们的夸张。

问:你的人生观如何?

答:做人不是一件容易的事,所以要好好做像一个人。

问:如果有人在报纸上说你不喜欢的事,你生气吗?

答:我绝不生气,(1)<u>心地坦白,不畏人言</u>。

问:你的影坛生活有没有遇到难过的事?能不能告诉我们一些?

答:背一句古语作答:(2)<u>不如意事常八九,可与人言无二三</u>。

问:你曾感到一个电影演员对国家民族的责任是什么吗?

答:请多多指示!我在这里向你立正敬礼。

问:请问,你为什么跟严华离婚?

答:请你原谅!(3)<u>往事免谈</u>,好吗?

问:那么谈现在的事,严华又结婚了,你有什么感想?

答:世界上大概又多了一个幸福家庭吧。

问:在你还没拍电影之前的思想是怎样的?拍了之后呢?

答:之前,还小,根本谈不上有什么思想;之后,越演越害怕,凡事(4)<u>不进则退</u>。

问:你平时喜欢和什么人接近?讨厌什么人?
答:人人为我,我为人人,说不上喜欢和讨厌。
问:你是怎样学唱歌的?
答:(5)曲不离口而已。
问:你相信命运吗?
答:可信而不可信,(6)不可全信,不可不信。
问:做一个优秀的演员,应具有什么基本条件?
答:认真!认真!万事认真!尊意如何?

(据蔡澜《喝我》)

1. 在下面意思相反的词语或词组中选择可以用在周璇身上的那个
(1) 骄傲　谦虚　　　(2) 谨慎　随便　　　(3) 热烈　冷静
(4) 幸福　不幸　　　(5) 认真　马虎　　　(6) 糊涂　清醒

2. 讨论:周璇的人生观和对人的态度怎么样?

3. 课文中六个画线句子分别与下列哪个句子意思相同
(　) 总在唱歌。
(　) 不要谈论以前的事情。
(　) 如果不前进就只有后退了。
(　) 心里没有什么不能告诉别人的东西,别人说什么都不怕。
(　) 常常遇到不如意的事情,这些事情大多都是没办法告诉别人的。
(　) 不能全都相信,也不能一点儿也不信。

4. 请解释下列的词语或句子
(1) 闲人免进:
(2) 万事如意:
(3) 人言可畏:
(4) 信则有,不信则无:
(5) 拳不离手:

参考词语

1. 骄子　　　jiāozǐ　　　　（名）　受宠爱的孩子
2. 名副其实　míngfùqíshí　　　　名声或名称与事实相符合
3. 夸张　　　kuāzhāng　　（形）　说话或写文章时,描写的情况比实际的程度
　　　　　　　　　　　　　　　　更高
4. 坦白　　　tǎnbái　　　（形）　说真话,不隐藏自己
5. 畏　　　　wèi　　　　　（动）　害怕,一般与"不"、"无"连用
6. 如意　　　rúyì　　　　（形）　像希望的那样
7. 立正　　　lìzhèng　　 （动）　站得很直,一般是士兵的动作
8. 尊意　　　zūn yì　　　　　　　您的意见

第五十二课

一、技　能

视幅训练之三：按六大成分切分句子

热身活动

换座位游戏

1. 教师按学生人数准备卡片（如果学生人数是奇数，则教师本人也加入游戏）；
2. 每两张卡片为一组①；
3. 教师打乱卡片顺序分给学生，并要求学生在全班范围内走动，找到持有同组另一张卡片的学生，与之同座。
4. 学生根据本对词组的结构特点②，再分成小组坐在一起。

大家看出你们的词组的结构特点了吗？第一种是定语和中心语（名词）结构，如"美丽的老师"；第二种是状语和中心语（动词）结构，如"高兴地说"；第三种是动词和补语结构，如"洗干净"。

现在，请每组同学在你们的词组中选一个出来与其他两组同学的词组一起，组成句子，并写在下面的空白里③。

请同学们和老师一起，把句子的主语、谓语、宾语、定语、状语和补语找出来。

---

① 这些卡片可以首先两两组合，分别可组成定中、状中、动补结构词组；然后，可进一步组合成句子。如："瘦小的女生飞快地吃下十个馒头。"据此可准备八张卡片，分别为"瘦小的"、"女生"、"飞快地"、"吃"、"吃"、"下"、"十个"、"馒头"。
② 即定中、状中和动补结构三组。
③ 学生人数少的班级，可要求学生将词组扩展成句子，而不是组成句子。

练习

把下列句子按主、谓、宾、定、状、补六大成分切分开①

例如：记者／在儿童书店／看／到了／一个正在读书的／男孩。

（1）许多中国朋友都知道来自加拿大的留学生大山。
（2）来自各国的留学生在广州的一个充满岭南文化特色的餐馆里参加了学校的聚餐。
（3）朗塘镇建成了一个面积1千亩的马铃薯基地。
（4）我的同学昨天看完了那本刚从书店买的小说。
（5）广州的餐饮服务体现了专业的素养。
（6）世界各地多种气候带的奇花异草依次展现在你的面前。
（7）一个矮胖的白发稀疏的老头儿认真地拉起了小提琴。
（8）这次是新中国成立后罗定市政府第一次有组织地在南江山区进行探源的活动。
（9）一片一片雪白、鹅黄、草绿、橘红的帆船在湖面上飘忽着前行。
（10）中国北京的万里长城是人们心驰神往的地方。

二、阅读训练

阅读 1

1. 读前活动，请同学们在网上看看凡高的画和生平故事

2. 读前讨论
   （1）凡高的画最有名的有哪几幅？
   （2）凡高喜欢用什么特别的颜色吗？
   （3）凡高的一生中有什么特别的事件？
   （4）凡高是个什么样的人？

---

① 教师不必对成分的区分过于严格，例如："许多中国朋友都知道来自加拿大的留学生大山。"学生认为"中国朋友"、"留学生大山"是主语和宾语都是可以接受的。

凡高美术馆

我们在午后一点来到美术馆。参观者静静地站在凡高(Vincent Willem van Gogh)的画前。那展览是以他最著名的自画像开始,然后随着时间的推进,直到他临终前的《死亡的麦地》结束。顺着展厅走去,我们好像度过了凡高的一生。

在他初期的作品里,充满了浓重的颜色,而渐渐地,他的色彩开始薄而单纯,单纯成一种蓝色。这种蓝色接近于日本版画淡薄而明亮的蓝色,但却又完全不同。那是粗粝与优雅的怪异的结合,它几乎在每一幅画中都固执地出现,由于和不同色彩的对比,便也千变万化。可是退后几步望去,你不禁会被这蓝色紧紧抓住,它好像是用尖锐的笔刻下的,带着裂帛之声。它的明亮令人不安,好像含有不祥的预兆。它的鲜艳使人想起末日。我觉得,那就是凡高,是凡高自己,怀着一种可怕的偏执,被生命围困,得不到一点生路。

我站在展厅中央,周围是凡高的画。我忽然明白了,一个艺术家创作的目的是什么,这一次我觉得我是真的明白了。这个目的就是建设一个"我"的精神世界。我站在凡高的精神世界里,看见一个生命流淌出蓝色的血液。

(据王安忆《漂泊的语言》)

3. 讨论
(1) 作者指出凡高作品的颜色特点是什么?你们同意吗?
(2) 作者认为凡高是个什么样的人?请对比一下你们读前讨论的答案。

4. 选择正确答案
(1) 凡高后期的画中的色彩(不止一个答案):
　　A. 浓重而怪异　　　　　　B. 接近日本版画
　　C. 明亮而鲜艳　　　　　　D. 结合了粗粝和优雅
(2) 下面的说法哪一个不正确?
　　A. 凡高的生活痛苦而不幸　B. 凡高死前不久画了麦地
　　C. 凡高作品全都是蓝色的　D. 凡高自画像是他早期的作品

(3) 文章主要是在：

　　A. 介绍凡高的一生　　　　B. 介绍凡高美术馆

　　C. 感受凡高的精神世界　　D. 论述艺术家创作的目的

5. "浓重"(第二段)可以分成"浓"和"重"，形容颜色都是指颜色深、暗，因此，"浓"和"重"是同义词。其他带有下画线的词语都是同样结构的词语，那么你知道它们的意思吗

参考词语

1. 单纯	dānchún	（形）	简单、单一、不复杂
2. 裂帛	liè bó		撕开丝绸
3. 不祥	bùxiáng	（形）	不吉祥
4. 预兆	yùzhào	（名）	预先表现出来的现象
5. 偏执	piānzhí	（形）	病态的固执

阅读 2

《罗马假日》的梦想符号

　　当我走进电影院的时候，电影已经开始了。我只好在一片黑暗里摸索着向座位走过去，正跌跌撞撞着，忽然就瞥见了银幕上的奥黛丽·赫本——她正在微笑，露出洁白的牙齿，黑漆漆的眉毛下，大眼睛亮闪闪，像一个通体发光的奇迹。我有一刹那的屏息：天哪，原来世界上有这样的美丽、清新和典雅！

　　一直到今天，一切还是那么鲜明：黑暗的电影院、黑白的银幕、黑色的头发、黑色的眼睛、洁白的牙齿、明亮的笑容。那种黑白分明的动人十分清晰。我印象里的奥黛丽·赫本永远是黑白分明的，她和《罗马假日》一起定格在那个炎热的夏天，和我的十六岁花季一样成为过去，甜美然而不真实。

或者我们每个人都渴望有这样的假日,因为这样的假日意味着有惊无险地越出生活常规。对于公主来说,她渴望偶尔的平凡生活;对于我们这样的普通人来说,我们需要偶尔的梦想生活。而梦想生活或者就是住在高大的宫殿里,有华美的丝绸睡衣,面对尖锐的疑问,你能够只是很简单地说:你可以退下了。而那个发问的人只能默默地行礼接着退下。试想:在生活中,当我们面对尖锐问题的时候,我们可以对谁说"你可以退下了"?

据说许多人的梦境都是黑白的,所以在我看来,《罗马假日》集合了梦境的许多因素,例如黑白分明,例如美好,还有一点怅惘。它像一个柔和的安抚手势,在每个年龄段,都可以恰到好处地给你一份适度的伤感和适度的放松。再加上奥黛丽·赫本:她让我想象着,如果有天使,容貌应该就是这样的。她和《罗马假日》一起,给所有需要假日的人制造了一个明亮的梦想,她的笑容和黑白分明的大眼睛就是最好的梦想符号。

(颜湘茹)

选择正确答案

(1) 这篇文章:
A. 评论一部电影 B. 介绍奥黛丽·赫本
C. 讲一个爱情故事 D. 讲述自己的梦想

(2) 作者什么时候看的那个电影?
A. 最近 B. 今天
C. 十六岁的时候 D. 文章里没有说

(3) 根据文章,我们可以推测出奥黛丽·赫本在《罗马假日》中是一位:
A. 公主 B. 天使
C. 普通人 D. 做梦的人

(4) 根据本文的内容,我们可以知道:
A. 作者的梦想是成为一个公主
B. 作者渴望放假,所以她喜欢《罗马假日》这部电影
C. 作者很爱做梦,所以她喜欢《罗马假日》这部电影
D. 奥黛丽·赫本的笑容和眼睛给作者留下了深刻的印象

(5) 根据文章,以下哪些形容词不用来形容梦想/梦境?
A. 直接尖锐 B. 黑白分明
C. 柔和怅惘 D. 明亮美好

（6）文章的主要观点是：

A. 奥黛丽·赫本太美了

B. 分析组成人们梦境的因素

C. 《罗马假日》是一部表现梦想的电影

D. 《罗马假日》是一部为观众制造梦想的电影

参考词语

1. 符号　　　　fúhào　　　　　　　　　（名）　　指代一定意义的图像，可以是图形图像、文字组合，也可以是声音信号，甚至可以是一种思想文化或一个时事人物
2. 跌跌撞撞　　diēdiēzhuàngzhuàng　　（形）　　形容走路不稳的样子
3. 屏息　　　　bǐngxī　　　　　　　　（动）　　停止呼吸
4. 有惊无险　　yǒujīng-wúxiǎn　　　　　　　　看起来很可怕，但没有任何危险
5. 怅惘　　　　chàngwǎng　　　　　　（形）　　因为失意而心事重重

阅读3

常 德 城

常德就是武陵，陶潜的《桃花源记》说的渔人的老家，应该在这个地方。地理书上说这里是湘西一个大码头，是交换进出口货的地方。

这个码头真正值得注意之处，实也无过于船户和他所操纵的水上工具了。要认识湘西，不能不对他们先有一种认识。要欣赏湘西地方民族特性，船户是最有价值的一种材料。

常德城本身似乎也就是一只旱船，女作家丁玲、法学家戴修瓒、国学家余嘉锡，都是这只旱船上长大的。常德沿河的街市上大小各种商铺不下数千家，都与水手有直接关系。杂货店铺专卖船上用件及零用物，可说是全为水手而预备的。至于油盐、花纱、牛皮、烟草等等庄号，也可说是为水手而有的。此外如茶馆、酒馆和那最朴素的行业，水手没

有它不行,它没水手更不行。

　　常德城内有一条长街,铺子门面都很高大(与长沙铺子大同小异,近于夸张),木料不值钱,与当地建筑大有关系。河堤另一面多平田泽地,产鱼虾、莲藕,因此鱼栈、莲子栈绵延数里。此地多清真教门,因此牛肉特别肥鲜。

　　常德沿沅水上行九十里,才到桃源县,再上二十五里,方到桃源洞。千年前武陵渔人如何沿溪走到桃花源,这路线尚无好事的考古家说起。现在想到桃源访古的"风雅人",大多数只好先坐公共汽车去。在桃源县想看到老幼黄发垂髫、怡然自得的光景,并不容易。不过因为历史的传统,这地方人倒很和气,保存一点儿古风。

　　政治家宋教仁、老革命党覃振,同是桃源人。桃源县有个省立第二女子师范学校,五四运动时谈男女解放平等、最先要求男女同校且实现它的,就是这个学校的女学生。

(据沈从文《大山里的人生》)

判断正误

(　) 1. 常德是一座安静的小山城。
(　) 2. 常德与水上运输有很密切的关系。
(　) 3. 常德出过几个名人。
(　) 4. 常德是一座商业城市,本身没有物产。
(　) 5. 桃源洞就在桃源县城内。

参考词语

1.	操纵	cāozòng	(动)	控制
2.	国学	guóxué	(名)	中国传统的学术文化
3.	栈	zhàn	(名)	旅馆或存放货物的地方
4.	清真	qīngzhēn	(名)	伊斯兰教的
5.	黄发垂髫	huángfàchuítiáo		黄发指人灰白的头发,这里指老人;垂髫指小孩子的头发扎起来下垂着,这里指幼年

第五十三课

一、技 能

视幅训练之四:按六大成分阅读

热身活动

教师准备 N 个句子,并把每个句子分别写在两套卡片上。一套的每张卡片上写一个词语,另一套的每张卡片上写一个句子成分。把学生分成 N×2 组,任务都是把卡片按顺序排好,还原那 N 个句子。看用哪一种卡片的小组比较快地完成。

在第 51 课,我们进行了扩大视幅的训练,阅读时按照词来移动眼球,比一个字一个字地看快得多。我们一起来复习一下:

一/个/心理学家/做/成了/一/个/很/有意思/的/实验。

在第 52 课,我们又复习了怎样将句子按照主、谓、宾、定、状、补六大成分切分开。今天,我们在阅读时按照这六大成分来识别句子,请你再阅读一次这句话,跟上次训练一样,阅读一个单位时眼球尽量保持不动。

一个/心理学家/做/成了/一个很有意思的/实验。

数一数这一次你的眼球一共移动了多少次?6 次!跟 11 次相比,是不是又有了很大的进步?你知道吗?你的阅读速度已经开始加快了。

在组成句子的热身活动中,是不是也是用句子成分卡片还原句子的小组比较快?

练习

1. 这是视幅训练之三中按照主、谓、宾、定、状、补六大成分切分方法分过的句子。请再阅读一次,阅读一个单位时尽量保持眼球不动

(1) 许多/中国朋友/都/知道/来自加拿大的/留学生大山。

   许多中国/朋友/都/知道/来自加拿大的/留学生/大山。

(2) 来自各国的/留学生/在广州的一个充满岭南文化特色的/餐馆里/参加了/学校的/聚餐。

(3) 朗塘镇/建/成/了/一个面积 1 千亩的马铃薯/基地。
朗塘镇/建成/了/一个面积 1 千亩的/马铃薯基地。

(4) 我的/同学/昨天/看/完了/那本刚从书店买的/小说。

(5) 广州的餐饮/服务/体现/了/专业的/素养。
广州的/餐饮服务/体现/了/专业的/素养。

(6) 世界各地多种气候带的/奇花异草/依次/展现/在/你的/面前。

(7) 一个矮胖的白发稀疏的/老头儿/认真地/拉/起了/小提琴。

(8) 这次/是/罗定市第一次在南江地区进行探源的/活动。

(9) 一片一片雪白、鹅黄、草绿、橘红的/帆船/在湖面上飘忽着/前行。

(10) 中国北京的/万里长城/是/人们心驰神往的/地方。

2. 扩展出下列句子的定、状、补成分，越长越好

(1) 学生读书。

　　_____学生_____读_____书。
　　_____学生_____读_____书。
　　_____学生_____读_____书。
　　_____学生_____读_____书。

(2) 妹妹说话。

　　_____妹妹_____说_____话。
　　_____妹妹_____说_____话。
　　_____妹妹_____说_____话。
　　_____妹妹_____说_____话。

(3) 老师戴帽子。

　　_____老师_____戴_____帽子。
　　_____老师_____戴_____帽子。
　　_____老师_____戴_____帽子。
　　_____老师_____戴_____帽子。

(4) 哥哥参加比赛。

　　_____哥哥_____参加_____比赛。
　　_____哥哥_____参加_____比赛。
　　_____哥哥_____参加_____比赛。
　　_____哥哥_____参加_____比赛。

(5) 同学走了。

　　_____同学_____走_____了。

　　_____同学_____走_____了。

　　_____同学_____走_____了。

　　_____同学_____走_____了。

二、阅读训练

阅读 1

看　云

有一次去九寨沟。
同车
有一位香港女子，
说她在大屿山
一所偏僻的学校
给孩子教书。
她很喜欢坐在
人烟稀少的野外
看天上的云。
　　路上，
她望着窗外

草原上的白云，
看得趣味盎然：
"你看，
那像不像奔马、
像不像羊群，
那像不像山，
那像不像水……"
　　她在平静中
感受无边的快乐。
　　她的快乐
也感染了我。

一路上
她教会了我看云，
也教会了我
快乐的方法。
　　难得的是
她在这个浮躁的社会里
拥有一颗宁静的心灵。
　　宁静而致远。
　　这时，
远方就在我们脚下。

（邓毅富）

选择正确答案

(1) 第二段"人烟稀少"是什么意思？

　　A. 偏远　　　B. 烟雾少　　　C. 人很少　　　D. 人和烟都很少

(2) 文章没有说，但可以知道作者想告诉读者：

　　A. 看云很有意思　　　　　　　　　　B. 应该经常到野外旅游

　　C. 旅游时要到远的地方　　　　　　　D. 保持心理的平静很重要

(3) 第六段里"浮躁"的反义词是什么？
　　A. 宁静　　　B. 沉着　　　C. 安稳　　　D. 快乐

阅读 2

1. **课前活动**
同学分为三组，分别查找卡夫卡、弗吉尼亚·伍尔夫和安妮·弗兰克的资料。

2. **读前讨论**
请来自不同资料组的三位同学组成一组，分别介绍查找到的有关作家资料。

随笔一则

（一）

　　最近常看 Virginia Woolf。我有四册她的日记，三本人家为她写的传记，全是挖她的隐私。真是抱歉！但她也太不小心了，自杀前没有把日记烧了，给为她作传的人提供不少方便。

　　Kafka 也喜欢传记。他是极其自我的人，好拿人家跟自己比，自慰、自欺、自勉——通通都有。The Diary of Anne Frank 家喻户晓，我敢说没有一个女孩子读后不计算计算，自己在那个年纪做什么，想什么。比得上比不上倒在其次，而是进入另外一个人的生命中，看他的行事为人，觉得也不过是个"人"而已，有一份安心，因为自己也是个人。

（二）

　　电影也为人作传。前一阵子看的德国纪录片，讲一个滑雪家（也是雕塑家）创世界纪录的经过。影片的结尾，打出两行字，是主人公自己说的话，大意是：我希望世界没有别的人，只有我；没有别的生物，没有风，没有雪，没有银行，没有钱；只有我，赤裸地躺在大石上——那样我就不用害怕了。

　　人有名到了某个程度，就有权利发表这一类惊人的议论。不但没有人反驳他，而且还觉得那番话意味深长。即使是反感，对于说那种话的权利，却是羡慕的。

　　我记得当初给报纸杂志写文章，每用"邂逅"二字，总被人改成"肮脏"。我想那一定是看的人不认识这两个字,又不认识我这个人(要是我是有名的作家,他至少会去翻翻字典)。"肮脏"虽然也脏,但读起来铿锵有声,有一种属于声音上的清洁,不及"邋遢",简直乌眉黑嘴,蓬头垢面,鹑衣百结。我很生气,下定决心,以后要写一些文章,是没人敢改的:不是我写得好,是没有人敢改。

现在我也知道了,那其实没有什么了不起。

(据钟晓阳《春在绿芜中》)

3. **读后讨论**
(1) 传记是什么?日记是什么?
(2) 作者看了谁的日记/传记?
(3) Virginia Woolf 的日记和传记有什么关系?
(4) Kafka 是个怎么样的人?
(5) 作者在谈论 The Diary of Anne Frank 时,为什么说:"看他的行事为人,觉得也不过是个'人'而已,有一份安心,因为自己也是个人?"

4. **判断正误**
( )(1) "肮脏"有清洁的意思。
( )(2) 作者觉得如果一个人"邋遢",那他的眉毛、眼睛、头发、脸和衣服都不干净。
( )(3) 作者认为人人都有权利发表惊人议论。
( )(4) 作者可能常常给报纸杂志写文章。
( )(5) 现在作者已经有名了。
( )(6) 虽然作者的文章写得不好,但没人敢改。

5. 这篇文章的第一部分是怎么和第二部分连接起来的?

参考词语

1. 传记	zhuànjì	(名)	记录某人一生的生活、事件的文字
2. 隐私	yǐnsī	(名)	不愿让别人知道的个人的事
3. 家喻户晓	jiāyù-hùxiǎo		每家人都知道
4. 赤裸	chìluǒ	(动、形)	一点儿衣服也不穿
5. 权利	quánlì	(名)	公民或法人依法行使的权力和享受的利益
6. 反驳	fǎnbó	(动)	说表示反对的意见和理由

7. 反感　　　　　fǎngǎn　　　　（动）　　反对或不满的感觉

阅读3

广　交　会

广交会又称中国出口商品交易会,始于1957年春季,每年春秋两季在广州举办,到现在已有五十年历史,是中国目前历史最长、层次最高、规模最大、商品种类最齐全、到会客商最多、成交效果最好的国际性贸易会。

首届广交会于1957年春在原中苏友好大厦创办,展馆面积18000平方米,参展交易团13个,参展商品12000多种,来自19个国家和地区的客商共1223人,成交1754万美元。47年后中国全方位对外开放,广交会走向世界的道路越来越宽。与1957年相比,现在的广交会展馆建筑面积达17万多平方米,参展交易团48个,参展企业10000家,展品10多万种。回顾广交会的发展道路,我们可以看到广交会在各方面,如展出规模、参展主体、到会客商、成交数额、商品种类等都发生了巨大的变化。

广交会贸易方式灵活多样,除传统的看样成交外,还举办网上交易会。广交会以出口贸易为主,也做进口生意,还可以开展多种形式的经济技术合作与交流,以及保险、运输、广告、咨询等业务活动。来自世界各地的客商云集广州,互通商情,增进友谊。

（据百度百科）

1. 回答问题
(1) 广交会的全称是什么?
(2) "展馆"和"参展"是什么的简称?
(3) 广交会的几个"最"分别是什么?
(4) 广交会在哪几个方面发生了巨大的变化?
(5) 广交会做不做进口生意?
(6) 这篇文章介绍的是什么时候的广交会?

2. **课后调查**

请同学们利用网络查一查以下几个内容:

(1) 现在广交会的展馆叫什么?

(2) 春季/秋季广交会举办的具体日期。

(3) 最近一次广交会的规模有多大(参展企业、参展产品、到会客商、成交数额等)。

参考词语

1. 创办	chuàngbàn	(动)	开始举办
2. 成交	chéngjiāo	(名)	买卖双方以相同的价格达成交易的行为
3. 数额	shù'é	(名)	数量的多少

第五十四课

一、技　能

视幅训练之五：按三大成分切分句子

热身活动

组小组游戏

1. 教师把第53课技能训练练习2中学生完成的五个最长的句子分成词语写在卡片上，分给学生，告诉他们这个游戏的目标是组成句子。
2. 教师读出句子的主语、谓语和宾语（如"学生"、"读"、"书"），找到卡片持有人后，请他们任组长①。
3. 然后要求其他学生尽快找到自己的组长并和他/她坐到一起，组成小组。
4. 请同学思考一下："你们为什么会觉得自己应该是某个组的呢？"
5. 请各小组在"主语组"、"谓语组"和"宾语组"三个选择中找到自己合适的名称。
6. 请各小组联合组成句子。

在切分句子时，我们也可以把句子分成三大部分，而不是六大部分，具体做法是：把主语和修饰主语的定语都看做主语，把状语、谓语、补语都看做谓语，把宾语和修饰宾语的定语都看做宾语，比如：

一个心理学家／做成了／一个很有意思的实验。
主语　　　　　谓语　　　宾语

记者／在儿童书店看到了／一个正在读书的男孩。
主语　　　谓语　　　　　宾语

主语、谓语、宾语是句子最主要、最重要的三大成分。

如果在视幅训练之三的训练中你能正确地区分出主、谓、宾、定、状、补，那么本课的练习对你来说就非常容易了，我们一起来看看。

---

① 如果学生少，可少选两个句子。

练习

把短文中的每个句子按主、谓、宾三大句子成分切分开
例如：记者/在儿童书店采访了/一个正在读书的男孩。

(1) 红娘是中国元代杂剧《西厢记》中的一个人物。聪明、勇敢、热心、活泼的红娘是大户人家小姐崔莺莺的丫鬟。家境显赫的崔莺莺和家境贫寒的张生第一次见面时产生了爱情，严格维护封建大家庭制度的崔莺莺的母亲坚决反对他们的自由恋爱。红娘热情地帮助了困境中的崔莺莺和张生，他们终于结合在一起。后来人们用"红娘"指代所有热心促成别人婚姻的人。

（刘娅莉）

(2) 二十三岁的豆豆在奶奶身边长成了一个苗条能干的大姑娘。她错过了最美好的跟爸爸妈妈在一起的童年时光。以工作为重的父母把五岁的豆豆送到腿脚不灵便的奶奶身边，可怜的豆豆从那时起就只能自己打理自己的生活。豆豆从小就像男孩子一样坚强。小学一年级的她就可以做出两菜一汤的饭了。

（徐霄鹰）

二、阅读训练

阅读 1

公务员考试

12月29日晚12点，2009年北京市公务员考试网上报名结束。报名者突破3万大关，但仍有50个职位无人问津。

北京人事考试网公布的最新统计数据显示，此次公开招考的2707个职位中

共有 31411 人通过报名资格审核。在报名表中，城八区的部分岗位很热门，排名前十的职位大多数来自城八区，其中海淀占 4 个。市科协"学会管理"这个职位，报考比例为 458∶1，成为今年报考的最热门职位。人事考试中心有关专家表示，从目前的报考情况来看，最热门的职位主要集中在城区，这说明很多报考者都愿意去一些条件比较好的单位工作。而远郊区县的职位则显得很冷清。目前，空缺职位大多为远郊区县的职位，怀柔、大兴、延庆等远郊区县占了 31 个。空缺职位大多来自检察院、工商局等单位。另外，根据有关规定，如果某个职位到最后无人报考，也可以通过其他职位进行调剂。

（引自考试大网资讯快报）

1. 选择正确答案

(1) 2009 年北京有多少个公务员职位没有人报考？

　　A. 3 万　　　B. 12　　　C. 29　　　D. 50

(2) 这次公开招考，有多少人可以参加考试？

　　A. 50　　　B. 2707　　　C. 31411　　　D. 4581

(3) "市科协"将从多少个人里挑选 1 个"学会管理"职位的应聘者？

　　A. 2707 个　　　B. 458 个　　　C. 1 个　　　D. 不知道

(4) 没有人报考的职位大多分布在：

　　A. 远郊区县　　　B. 城八区　　　C. 海淀区　　　D. 市区

(5) "怀柔"是：

　　A. 城八区之一　　B. 一个职位的名称　C. 一个单位的名称　D. 北京郊区的地名

(6)"岗位"是哪个词语的近义词?
A. 单位　　　　B. 职位　　　　C. 座位　　　　D. 上岗

2. 请用一句话概括这段新闻说了什么

参考词语

公务员　　　gōngwùyuán　　（名）行使国家权力、执行国家公务的人员

阅读 2

《绿毛水怪》和我们的爱情

《绿毛水怪》是我和小波的媒人。第一次看到它是在一位我们共同的朋友那里。这是小波的一部小说的手稿。小说写在一个有漂亮封皮的本子上,字写得密密麻麻,左右都不留空白。小说写的是一对情窦初开的少男少女的恋情。虽然它还相当幼稚,但是其中有什么东西却深深地打动了我。

小说中有一段陈辉(男主人公)和妖妖(女主人公)谈诗的情节。

白天下了一场雨,晚上又很冷,没有风,结果是起了雨雾。天黑得很早。沿街楼房的窗口喷着一团团白色的光。大街上,水银灯在半天照起了冲天的白雾。人、汽车影影绰绰地出现和消失。我们走到10路汽车站旁。几盏昏暗的路灯下,人们就像在水底一样。我无言地走着,妖妖忽然问我:"你看着夜雾,我们怎么形容它呢?"

我鬼使神差地作起诗来,并且马上念出来。要知道我过去根本不认为自己有一点做诗的天分。

我说:"妖妖,你看,那水银灯的灯光像什么?"

"大团的蒲公英浮在街道的河流上,吞吐着柔软的针一样的光。"

妖妖说:"好。那么我们在人行道上走呢?这昏黄的路灯呢?"

我抬头看看路灯,它把昏黄的灯光隔着蒙蒙的雾气一直投向地面。

我说:"我们好像在池塘的水底,从一个月亮走向另一个月亮。"

妖妖忽然大惊小怪地叫起来:"陈辉,你是诗人呢!"

从这几句诗中,小波的诗人天分已经显露出来。虽然他后来很少写诗,更多的是写小说和杂文,但他是有写诗的才能的。然而,当时使我爱上他的也许不是这个,而更多的是他身上的诗意。

(据李银河文)

1. 回答问题
(1)作者和小波是什么关系?
(2)作者为什么引用了小说的内容?
(3)第一段最后一句说"其中有什么东西却深深地打动了我",你能在最后一段找出那"东西"是什么吗?
(4)文章的主句是什么?

2. 根据陈辉的话,把有关的词语连接起来

路灯	水底
灯光	蒲公英
灯光下	月亮
	河流

参考词语

1.	媒人	méiren	(名)	婚姻介绍人
2.	情窦初开	qíngdòuchūkāi		刚懂得爱情
3.	幼稚	yòuzhì	(形)	形容思想简单或没有什么经验
4.	打动	dǎdòng	(动)	使感动
5.	影影绰绰	yǐngyǐngchuòchuò	(形)	模糊,看不清楚
6.	鬼使神差	guǐshǐ-shénchāi		好像被鬼神派去做事,形容做出自己也想不到的事情
7.	蒲公英	púgōngyīng	(名)	一种花,像一团团白色的软毛
8.	吞	tūn	(动)	吐的反义词
9.	池塘	chítáng	(名)	存水的池子,一般不大,比较浅
10.	天分	tiānfèn	(名)	生下来就有的某种才能
11.	诗意	shīyì	(名)	好像或使人想起诗歌的东西

阅读 3

心理因素与健美

　　心理因素对人的青春、美容影响很大，这已经为越来越多的人所理解。

　　一般人认为，紧张是很有害处的。但现代医学研究表明，适度的紧张可以保证机体的正常运转，有效地进行新陈代谢，保证皮肤血液和营养的供应，保持青春，有利于美容。

　　美国心理学博士雷米曾做过一项研究，发现世界上最忙碌最紧张的名人们，通常要比普通人的寿命高出29%；外出工作的妇女要比家庭妇女发病率低。美国还做过一个调查，结论是：失业率每增加1%，死亡率就增加2%。许多证据都表明，不工作的人比有工作的人健康状态差，因为工作会消除人的孤独感和不愉快。许多忙碌的人往往是最快活的人，他们在工作中会产生积极向上的激情，与社会广泛接触会得到集体的温暖和友谊，工作成就更使人获得满足感，使烦恼大大减少，对身心健康极有益处。充实的生活使人心情愉悦，当然会使人看上去容光焕发，青春常在。

　　充实的生活必然还会使人有较多的情趣爱好，通过这些活动，人们会有更广泛的知识面。对男性而言，就是在家务劳动中，也会因做菜时要保持大脑的兴奋且更多地使用右脑，从而使工作中一般只使用左脑的用脑状况维持平衡，大大提高大脑的利用率并保持大脑的最佳状态，有助于减缓大脑功能的衰退，促使人们精神舒畅，容貌比较年轻。

　　从反面来说，当人们百无聊赖时，不但不会感到快乐，还会感到烦恼和孤单，会因为无事可做而多愁，甚至产生疲劳、记忆力减退、容易生气和急躁等症状，从而导致生理性疾病发生，身体健康不佳，青春早逝。

（据《家庭》容小兴文）

选择正确答案

(1) 据心理学博士雷米的研究，如果普通人平均活50岁，最忙碌紧张的名人平均活多少岁？

　　A. 29岁　　　　　　　　　　　　　　B. 79岁

C. 65岁　　　　　　　　　　　　D. 92岁

(2) "忙碌的人往往是最快活的人"有几个原因,下面哪句话不是本文提到的原因?
A. 忙碌的人工资比较高　　　　B. 忙碌的人在工作中有激情
C. 能得到集体的友谊和温暖　　D. 工作成就使人产生满足感

(3) 根据文章,男性在家做菜有什么好处?
A. 理解妻子的工作　　　　　　B. 帮助妻子工作
C. 让右脑得到休息　　　　　　D. 使用脑状况保持平衡

(4) 本文的主要观点是:
A. 男性应该多做家务　　　　　B. 适度紧张可以青春常在
C. 充实的生活必然会有较多的情趣爱好　　D. 人们会因为无事做而多愁

参考词语

1. 机体　　　jītǐ　　　　　　（名）　具有生命的个体的统称,包括植物和动物
2. 新陈代谢　xīnchéndàixiè　　　　　生物体的基本运动过程,即不断从外界取得必需的物质,并使之变成本身的物质,同时把体内的废物排出体外
3. 充实　　　chōngshí　　　　（形）　丰富,多得能满足需要
4. 衰退　　　shuāituì　　　　（动）　(身体、精神等)失去了强盛的精力、机能

阅读4

香烟是什么?

完形填空

　　香烟算是(1)一类工业品?食品?药品?玩具?(2)麻醉品?(3)说纯粹是麻醉品,人类为何要选择香烟呢?这真是一个有趣的问题。

　　所有的医学结论(4):香烟对人类是极为有害的,它麻醉人的精神,毒害人的肌体,引发种种疾病。香烟广告上(5)说:"吸烟有害健康。"香烟不得人心,众所周知。(6),香烟却实实在在地在人类社会生活中占了一席之地。(7)在日常生活、商业交往中,还是在近现代文人的笔尖,

没有一个地方(8)有香烟的踪迹。

(1) A. 任何　　　B. 什么　　　C. 哪　　　D. 别
(2) A. 还是　　　B. 也是　　　C. 又是　　　D. 并是
(3) A. 虽然　　　B. 尽管　　　C. 不管　　　D. 如果
(4) A. 论证　　　B. 论说　　　C. 告诉　　　D. 证明
(5) A. 又　　　　B. 也　　　　C. 还　　　　D. 更
(6) A. 而且　　　B. 并且　　　C. 但是　　　D. 只有
(7) A. 尽管　　　B. 宁可　　　C. 虽然　　　D. 无论
(8) A. 没　　　　B. 都　　　　C. 不　　　　D. 还

第五十五课

一、技　能

视幅训练之六：按三大成分阅读

热身活动

阅读比赛

1. 教师将54课技能练习中的两段话先按六个成分分写在一套纸片上，再按三个大成分分写在另一套纸片上，把纸片装订成四本。
2. 选四个阅读水平相当的同学阅读四本书，看哪位先读完。
3. 请先读完的同学介绍红娘和小豆豆。

在第51课中，我们将视幅的范围从一个字扩大到一个词，请你再练习一次，记住，阅读每个单位时眼球保持不动：

一/ 个／心理学家/ 做/ 成/ 了／一／个／很／有意思／的／实验。

在53课中，我们又将视幅的范围从一个词扩大到主、谓、宾、定、状、补六大成分，请你再阅读一次：

一个／心理学家／做／成了／一个很有意思的／实验。

本课我们接着进行扩大视幅的训练，按照句子最主要的三大成分来识别句子。请你再阅读一次这句话：

一个心理学家／做成了／一个很有意思的实验。

这一次你的眼球只移动了3次！你相信吗，从第一次扩大视幅训练到现在，你的阅读速度加快了很多呢！

但是，扩大视幅的训练需要长期练习，如果你每天能抽出十到二十分钟来练一练，你会成为一个非常有效的阅读者，你阅读文章的速度将会比别人快很多，相信在热身活动的阅读比赛中读按三大成分划分的书的同学一定读得比较快，对吗？

是不是很有吸引力？下面我们再来做做练习。

> 练习

下面这篇文章已按照主、谓、宾三大成分进行了切分,请你用扩大视幅的方法进行练习,即阅读每行时尽量保持眼球不动。你可以用一张白纸遮住后面的部分,每现一行,眼球移动一次。阅读完后回答后面的问题

中国最美的大学校园

百万网友特别是大学生朋友
通过网上投票的方式评选出了
中国最美丽的十大大学校园。
排在排行榜前五位的大学
依次是
武汉大学、厦门大学、北京大学、中山大学、深圳大学。
名列榜首的武汉大学
位于
湖北省武汉市。
坐落在东湖旁珞珈山上的武大校园
有
一批气势恢宏、中西合璧的宫殿式建筑群。
烂漫成串的樱花
于每年3月在城堡般的宿舍楼外盛开。
有幸目睹过武大樱花飘落的人
才能真正感受到
这种浪漫。
名列第二位的厦门大学
位于
福建省厦门市。
爱国华侨陈嘉庚
创办了
这所坐落在大海之滨的美丽大学。
云雾缭绕、如仙境般的校园里

散落着
红琉璃瓦、清水墙的建筑群。
在厦大就读的学生
常在清晨和傍晚时分观赏
海上日出和日落,
在一天的功课结束后去海里游泳。
名列第三位的北京大学
位于
中国首都北京市,
是
中国学子最向往的高等学府。
建立在西郊古园林之中的北大校园
有着
具有皇家气魄的明清古建筑群。
校园用地
包括八个古园遗址。
最具代表性的建筑
是
闻名海内外的未名湖。
北大人
冬天常在冰冻的湖面上滑冰。
所有参观过北大校园的人
都赞叹
校园里诗情画意般的意境。
排名第四位的中山大学
位于
广东省广州市。
伟人孙中山
亲手创办了
这所最具南国风情的美丽大学。
坐落在闹市区内、珠江畔的中大校园
有着
大片的绿草地和参天的古树。

校园

汇聚了

中国南方绝大部分的树种。

白色、粉色、紫色的紫荆花

常年盛开。

铺满紫荆花瓣的绿草地

是

中大人最喜欢的去处。

排在第五位的深圳大学

位于

广东省深圳市。

这所只有二十多年历史的年轻大学

拥有

新式的建筑群和齐全的教学设备。

深大校园

是

中国新式大学校园的代表。

排在排行榜六至十位的大学

分别是

清华大学、南京师范大学、四川大学、

苏州大学和中国海洋大学。

它们

分别位于

北京市、江苏省南京市、四川省成都市、

江苏省苏州市和山东省青岛市。

(刘娅莉)

1. 判断对错

(　)(1) 中国政府评选出最美丽的十大校园。

(　)(2) 武汉大学由华侨陈嘉庚创办。

(　)(3) 北京大学由孙中山亲手创建。

(　)(4) 北京大学是中国最漂亮的大学,排在第一位。

(　)(5) 厦门大学的学生可以经常去海里游泳。

(　)(6) 中山大学的校园里有很多具有皇家气魄的建筑群。

( )（7）树木种类繁多是中山大学的一大特点。

( )（8）深圳大学有许多宏伟的宫殿式建筑群。

( )（9）四川大学名列第八，苏州大学名列第九。

( )（10）广东省、江苏省分别有两所大学进入排行榜。

2. 连线题

（1）将大学的名字和它所在的省份连接起来：

中国海洋大学　　　　江苏省

中山大学　　　　　　福建省

武汉大学　　　　　　广东省

厦门大学　　　　　　山东省

苏州大学　　　　　　湖北省

（2）将大学的名字和它们的特点连接起来：

厦门大学　　　　　　樱花

深圳大学　　　　　　大海

中山大学　　　　　　未名湖

北京大学　　　　　　草坪和古树

武汉大学　　　　　　现代新式建筑

二、阅读训练

阅读1

空中小姐

波音公司于1930年5月15日开始雇佣8名护士随机服务，开"空中小姐"的先例。这一措施开始是由波音公司的一名职员史提夫·司汀浦森向主管提出的书面建议："试想班机服务人员加入年轻女性，在心理方面收获一定很大。本人并非建议雇佣奇装异服的轻浮少女，而认为一般护士学校毕业的少女，具有相当常识者较为适宜。"结果，公司接受了他的建议。

波音公司当时选用空中女服务员的条件是：年龄在25岁以下，体重在50公斤以上,身高170公分以下,每月飞行100个小时,月薪125美元。雇佣时规定她们的服务项目为:起飞前打扫机舱、擦地板、整理座位,检查座位是否与地板锁紧;飞行中警告乘客不要将烟头丢出窗外,注意乘客起身去洗手间时不要错开了飞机门。

(据《读者》)

1. 以下哪些事情不是波音公司的空中小姐的工作

打扫飞机　　　　　　　　　检查飞机
送食品饮料　　　　　　　　警告乘客不要抽烟
防止乘客错开机门掉下飞机　防止乘客去洗手间
整理座位　　　　　　　　　警告乘客不要把烟头扔出机窗
检查座位是不是紧锁在地板上

2. 选择正确答案

(1) 最早的8名空中小姐都是:
　　A. 中学毕业生　　　　　　B. 服务员
　　C. 护士学校毕业生　　　　D. 文中没有提及

(2) 以下哪一位小姐可能被当时的波音公司雇佣?
　　A. A 小姐,26 岁,165 公分,55 公斤,是医院护士
　　B. B 小姐,20 岁,171 公分,51 公斤,护士学校毕业生
　　C. C 小姐,23 岁,168 公分,52 公斤,有两年护理工作经验
　　D. D 小姐,20 岁,169 公分,50 公斤,小学毕业

参考词语

1. 空中小姐	kōngzhōng xiǎojiě		飞机上的女服务员
2. 先例	xiānlì	(名)	已有的事例
3. 奇装异服	qízhuāng-yìfú		穿着与当时社会上一般人式样不同的服装(多为贬义)
4. 轻浮	qīngfú	(形)	言语举动随便,不严肃不庄重
5. 机舱	jīcāng	(名)	飞机内载乘客装货物的地方

阅读 2

嘣！詹姆斯·邦德

在这部最新的《皇家赌场》之前，007系列大概是有史以来最著名的经典低智电影。拍的人和看的人都可以完全不用脑子。之前有统计说全世界每三个人当中就有一个看过007电影，多么成功啊！以一个低智的套路走红40年，至少是一个好的提醒，我们很多时候不像自以为的那么聪明、深沉、有思想。

007电影最大的卖点，就是不顾现实地把男人的梦想统统放进去，然后直截了当地卖给你——相貌英俊、思维敏捷、举止优雅、谈吐幽默。开最好的车子，用最先进的电子产品，以最安全的方式发泄暴力。永远不用为金钱发愁。假工作之名满世界旅游，每处都有各色美女等着主动献身。最重要的，美女们绝对不会纠缠不清，她们爱的就是你的不负责任。

《皇家赌场》导演马丁·坎贝尔表示："克雷格扮演的新邦德将显示出更富于人性的一面。最重要的是，邦德会犯错误，会感到紧张，并且不想靠暴力解决问题。另外，在新片中邦女郎不再是花瓶，邦德这一次将真心爱上邦女郎。"《皇家赌场》完成了将邦德由神还原成人的全面颠覆，从商业上来说这是一次成功的操作，制造了足够的新鲜感和好奇心。

不过，《皇家赌场》既是007系列的新生，也是死亡。这是颠覆经典的必然结果，尤其是对于007这个"史上最长寿的系列电影"，来得就更彻底。因为，除了007的名头，"现实主义"的《皇家赌场》和《谍中谍》(Mission Impossible)之类的动作片已经没有了本质的区别。新邦德更符合现实的逻辑，只是没有了被颠覆掉的独特气质，新鲜感过后，如何才能继续吸引观众？

邦德的一句著名台词是"我的名字是邦德，詹姆斯·邦德(My name is Bond, James Bond)"，现在可以这样翻译："嘣，詹姆斯·邦德。"终极男人邦德先生，终于，中枪了。

（据孙朝阳文）

1. 词语讨论

(1) "007系列大概是有史以来最著名的经典低智电影"中"低智"是什么意思？

(2) "(詹姆斯·邦德)相貌英俊、思维敏捷、举止优雅、谈吐幽默"中"思维"、"敏捷"、"举止"、"优雅"、"谈吐"大概是什么意思呢？

(3) "每处都有各色美女等着主动献身"中"献身"是什么意思？

(4) "在新片中邦女郎不再是花瓶"中"花瓶"是什么意思？

(5) "'嘣，詹姆斯·邦德。'终极男人邦德先生，终于，中枪了"中"嘣"是什么意思？

2. 回答问题

(1) 文章认为以前的007系列电影有什么特点？

(2) 《皇家赌场》的特点是什么？

(3) 作者认为《皇家赌场》本身成功吗？

(4) 对以后的007系列来说，《皇家赌场》有什么影响？

参考词语

1. 经典	jīngdiǎn	（形）	指具有典范性、权威性的著作	
2. 走红	zǒuhóng	（动）	变得很出名，大家都知道	
3. 假…之名	jiǎ...zhīmíng		借别的事物的名誉	
4. 纠缠	jiūchán	（动）	相互缠绕	
5. 还原	huányuán	（动）	事物恢复到原来的状况或形状	
6. 颠覆	diānfù	（动）	推翻的意思	
7. 气质	qìzhì	（名）	一个人的特点和给人的感觉，可以说好或坏	
8. 终极	zhōngjí	（副）	最终，穷尽，如终极目标	
9. 中枪	zhòng qiāng		被枪射中	

阅读 3

"独立阅读"之外

完形填空

每次编完"独立阅读"，我总是在第一时间飞进书店，把那些感兴趣的书抱回家,(　　　　)出于对作者们的信任,另一方面也想检测一下作者们是否值得信任。(　　　　)发现书并不像他们说得那么值得阅读,立即发信严厉批评。还好,这种情况非常少见。

(　　　　)以更少的时间了解(　　　　)的阅读信息,本期开设了"我在看的书"栏目,希望了解我们的作者都在读什么书。让人惊奇的是,有时会有两位三位或者更多的作者,在阅读(　　　　)的书。有共识,也有差异。例如对于《废都》,"独立阅读"的作者们意见就非常不一样。

第五十六课

一、技　能

说明文的阅读

热身活动

课堂游戏：这是什么？——请说明

（1）上课前，请老师准备五张卡片：一张卡片是最新的大家都知道的书或电影的名字（要求学生讲故事）；一张卡片是校园里或所在城市的地标性建筑的名字（要求学生描述其所在位置）；一张卡片是菜的名字（要求学生描述做菜的方法）；一张卡片是电器或家具（要求学生描述功能或使用方法）；一张卡片是自然现象（要求学生先定义再描述该现象，如描述"下雨"前，应定义"这是一种自然现象"）。

（2）课堂上，全班分成五组，每组派一个同学当代表。老师把卡片发给一个同学，这位同学向全班说明卡片，其他同学根据说明推测卡片上写的是什么，直到有人说出来，一轮结束；老师接着把第二张卡片发给第二个同学，如此类推，直到五张卡片发完。

规则：

① 先说出卡片上是什么的小组得一分，如当时说明的同学是该组的代表，则再加一分。

② 说明的同学不能直接说出卡片上出现的汉字，如说出来所代表的小组就输了。

游戏很快就结束了？同学们很聪明，而五位代表说明得肯定也很清楚。我们这一课要读的说明文，当然比说明卡片复杂多了，但都是以说明——把事情说明白为目的和主要表达方式的。一般来说，根据说明对象的类型不同，我们在阅读中常常遇到的说明文有以下四种类型：

第一，以特别的地方或建筑物为说明对象的说明文，如旅游参观时遇到的景点介绍或旅游指南。

在写作这类说明文时，作者最可能使用的说明方式是方位法，即按照事物的空间形式和自己的观察顺序进行说明。因此在阅读时，应尽快找出表示顺序的标志词。

第二，以某种商品或用具为说明对象的说明文。这种说明文以客观地介绍商品的构成、功能特点、价格等为主要目的,其中包括书籍的介绍说明,书籍介绍一般分三部分:书籍的资料性介绍,如出版单位、时间、作者、书号等,内容简介和简评。

第三,以事物发展过程为说明对象的说明文。这种说明文以时间顺序为主要线索。指导商品使用的说明书也属于这一类。说明书通常按照实际操作顺序来写,也可以按照功能顺序来写。

第四,以一定的事理为说明对象的说明文。有的解释某种科学道理,有的介绍某种新发明、发现……这类说明文有很强的逻辑性。阅读此类说明文时要注意抓住一些表示因果、分类、归纳、演绎等逻辑关系的标志词。

现在大家可以回想一下,在刚才的游戏中,各位代表在说明卡片时有没有用到上述说明方法?

练习

1. 以下每一组为一个段落,请在括号里写上正确的序号

(1)

( ) 所以人们通常说的煤气中毒,实际上是指一氧化碳中毒。
( ) 而煤气中的其他成分不会使人中毒。
( ) 煤气是一种气体。
( ) 其中主要的、占很大比重的成分就是一氧化碳,写成分子式就是CO。
( ) 它是煤燃烧时氧气不足而形成的,会使人中毒。

(2)

( ) 《最长的一天》的作者Cornelius Ryan,出生于爱尔兰。
( ) 他先后在路透社、伦敦《每日电讯报》、《时代》周刊、《生活》杂志担任记者。
( ) 然后他又赴太平洋战区,曾因工作出色在美国数次获奖。
( ) 他在爱尔兰音乐学院毕业后,即从事新闻工作。
( ) 1943年,他在《每日电讯报》工作期间出任欧洲战地记者,随军报道直至攻克柏林。

(3)

( ) 其中大雄宝殿为东晋时建造的,颇有唐宋建筑风格,又有地方特色。
( ) 东塔建于唐末五代的南汉王朝,是中国最大最古老的铁塔。
( ) 大殿后面东西两侧有两座铁塔。
( ) 西塔建于南汉大宝六年,比东塔还早四年,可惜早已经毁坏,现仅存三层。
( ) 光孝寺现存的建筑物有大雄宝殿、天王殿、睡佛阁以及东西铁塔等。

(4)

( ) 制作甜菜干时先将新鲜芥菜洗干净。

（　）蒸后再晒，晒后又蒸。

（　）如此反复三次以上，即所谓"三蒸三晒"。

（　）把洗干净的菜晒1～2天，令菜叶变软。

（　）然后用蒸笼蒸。

2. 请说出以上几个段落分别属于哪一类说明文

二、阅读训练

阅读 1

电视遥控器使用说明

开机定时器的功能：预定时间一到，电源马上接通。

1. 按定时钮两次，"ON"会在荧屏上出现。
2. 按调整（∧/∨）按钮来设置定时（能设置长达12小时50分）。
3. 开机定时器指示会在电视荧屏上出现，同时开始计算时间。
4. 定时设置完毕后，按定时钮。"ON"会在荧屏上消失，定时器开始运作。
5. 按遥控器上的电源开关，使电视机处于等待模式。

当被设置的时间一到，电视机立即自动接通电源，开启电视机。

注意：

- 如果要取消定时设置，可将定时器调整到0时0分（――：――）。
- 定时器"分钟"设置以10分钟为1个单位。
- 使用电视机上的主电源开关切断电源，或用其他方式切断电源时，定时设置就会被取消。

如果要保留时间设置，则必须使遥控器上的电源开关切断电源，使电视机处于等待状态。

- 电视机如果是由定时器开启的，就将在开机后2小时自动关机。
- 按遥控器上任何一个按钮都会使定时关机的功能被取消。

回答问题

(1) 要使用开机定时功能,一共要按几次定时钮?
　　A. 一次　　　B. 两次　　　C. 三次　　　D. 四次
(2) 取消定时设置有几个方法?
　　A. 一个　　　B. 两个　　　C. 两个以上
(3) 有没有可能定时 10 小时 15 分钟?
　　A. 有　　　　B. 没有　　　C. 不知道
(4) 如果设定时间为 3 小时后你们出去了,6 小时后电视机是什么情况?
　　A. 开着　　　B. 关了　　　C. 不知道

参考词语

1. 遥控器　　yáokòngqì　（名）　可以控制一定距离以外的电器的小装置
2. 按钮　　　ànniǔ　　　（名）　用手按的开关
3. 设置　　　shèzhì　　　（动）　建立
4. 电源　　　diànyuán　　（名）　把电供给电器的装置
5. 开启　　　kāiqǐ　　　（动）　开

阅读 2

3 个同学一个小组,完成练习。

1. 根据句子猜画线词语的意思
(1) 1945 年,美国在日本广岛投下了<u>原子弹</u>。
(2) 原子弹是一种杀伤力非常强大的<u>炸弹</u>,<u>爆炸</u>以后会在高空形成蘑菇云。

英国病人

　　本书讲述的是第二次世界大战的最后时刻,在意大利北部山区的破别墅里,躺着一位被称为"英国病人"的神秘男子,他从一架坠毁的飞机中被救出来,谁也不知道他到底是什么人。加拿大女护士哈纳离开英国部队,留在别墅里照顾他。她的朋友,间谍卡拉瓦焦和一个叫基普的印度锡克族工兵也来到别墅,和他们一起生活。

哈纳等人慢慢从"英国病人"那里了解到他的身份和故事。他叫奥尔马希,是匈牙利探险家和地理学家。他爱上了有夫之妇凯瑟琳,他们成为情人。凯瑟琳的丈夫为了报复他们,驾驶着飞机撞到山上,他自己死了,凯瑟琳受了重伤。为了从沙漠中救出重伤的情人,奥尔马希徒步穿过沙漠,去向英国部队求助,但因被怀疑是间谍而被捕。为了能够返回凯瑟琳身边,奥尔马希投靠了德国人。三年后,奥尔马希终于回到凯瑟琳身边,他驾驶着飞机带着凯瑟琳的尸体逃离沙漠,飞机爆炸了,奥尔马希变成火人掉到地面。

在和"英国病人"一起生活的那些日子里,哈纳和基普相爱了。然而,当美国人在日本投下了原子弹时,作为一个每天为了自己的工作——拆除炸弹而冒着生命危险的工兵,作为一个为殖民者工作的被殖民者,基普感到被愚弄的痛苦。于是他远远地离开了跟战争和白人有关的一切,包括哈纳。

作品里既有冒险和侦探,也有爱情和哲学,充满美感、神秘和狂热,它将读者引入另一个世界,并揭示这个世界与我们自身的关系。作者翁达杰是一位拥有诗人之心的小说家。

本书中文简体字版由作家出版社出版。

(据小说《英国病人》)

2. 读完课文后,请同学们在小组里说说
(1) 作品中有几个主要人物?叫什么名字?他们是什么关系?是做什么的?
(2) 小说里讲了几个故事?谁是"英国病人"?
(3) 小说的作者是谁?小说由哪个出版社出版?

3. 现在请1个同学再读第一和第三段,一个同学再读第二段,一个同学再读最后一段。读完以后,一起回答以下问题?
(1) 故事发生的时间、地点分别是什么?
(2) 凯瑟琳和她的丈夫死在什么地方?
(3) 为什么奥尔马希投靠德国人?
(4) 为什么基普离开了哈纳?
(5) 诗和诗人可能是怎么样的?请在文章的最后一段中找出恰当的词语说明。
(6) 这本书的中文版本可能有几个?

参考词语

1. 工兵　gōngbīng　（名）　担任修筑道路、工程，设置或排除地雷、炸弹等的士兵
2. 被捕　bèibǔ　（动）　（被认为犯了罪的人）被警察或军队抓住
3. 投靠　tóukào　（动）　前去依靠别人

阅读 3

激光除污

总有人喜欢在建筑物甚至是名胜古迹上涂鸦，这给清洁工人带来了难题：既要清除这些污迹，又不能破坏建筑物的外观。一种以前应用于军事领域的高科技产品，如今将为清洁工人解决这个问题。

这种产品叫"便携式除污激光枪"，它可以在1小时内将180×1.5米范围内的污迹清除掉，而不留任何痕迹。

激光除污的原理是使声波与光波一起工作。它能够产生功率为100瓦、频率为1000赫的绿色光波，当光波照到需要清理的建筑物表面时，部分能量将会转化为声波，声波又会被建筑物的表面反射过来。被反射的声波与激光枪光波转化的声波，会一起使建筑物表面的污迹产生轻微爆炸而掉下来。

这种除污激光枪价值昂贵，除了清洁建筑物外，对于保护历史文物也有很大作用。激光枪内部还有多个套管和透镜，用以调节激光的强弱与密集程度，不仅适合不同的环境使用，同时也能保护使用者的视力。

（据《海外星云》）

1. 判断正误

（　）(1) 激光枪原来可能是一种武器。

（　）(2) 激光枪发出的光是绿色的。

（　）(3) 光波使建筑物表面的污迹发生爆炸。

（　）(4) 建筑物表面能够反射声波。

（　）(5) 激光枪是不能随便调节的。

2. 请大家讨论一下以下词语的意思

波浪　　光波　　声波　　电波　　波峰　　波谷　　长波　　短波

参考词语

1. 激光　　jīguāng　　（名）　一种产生强而集中的光束的装置（laser）
2. 涂鸦　　túyā　　　（动）　小孩子乱写乱画,也用来特指在建筑物的外墙上用
　　　　　　　　　　　　　　　油漆等乱写乱画,大城市的青少年比较爱涂鸦
3. 痕迹　　hénjì　　　（名）　物体上留下的印
4. 反射　　fǎnshè　　（动）　物体表面把声、光、热等挡回去

阅读 4

为什么猫能抓老鼠？

完形填空

　　首先因为它有一双明亮的眼睛,无论是在多么(1)的夜里,(2)能看清楚东西。其次,它的耳朵也很灵,能够随意转向声音的来处,只要一有声音,哪怕是非常(3)的声音,它也能及时听出来。(4)猫的脚趾上有爪,这就是猫能在地上跑得飞快,还能爬上屋顶、大树和高墙去抓老鼠的原因。最后,猫的脚底还有一块软而厚的肉,因而走起路来没有(5),可以在老鼠还没发现的时候就接近它们。

(1) A. 明亮　　B. 黑暗　　C. 晚　　　D. 可怕
(2) A. 还　　　B. 可　　　C. 也　　　D. 却
(3) A. 微弱　　B. 模糊　　C. 低沉　　D. 奇怪
(4) A. 第三　　B. 再次　　C. 还有　　D. 另外
(5) A. 痕迹　　B. 问题　　C. 声音　　D. 方向

第五十七课

一、技　能

议论文的阅读

热身活动

小辩论:未来肯定比现在好吗
规则:
(1) 全班同学按个人观点分成正方和反方。
(2) 教师根据以下思路引导学生进行辩论:
① 正方举2~3个例子说明未来会比现在好,反方举例子说明未来不一定比现在好。
② 正方根据例子总结1~2个未来会比现在好的原因,反方总结未来不一定比现在好的原因。
③ 正方根据一部电影想象未来是什么样子的,并把想象与现在对比,说明未来会比现在好;反方根据一出电影想象未来,并与现实对比,说明未来不一定比现在好。

辩论跟我们这一课要进行的议论文阅读一样,是一个用不同方法论证自己的观点的过程。我们简单介绍一下四种常见的论证方法。

第一,事实论证。简单地说,就是以事实为例子说明论点。

第二,因果论证。这种论证利用事物本身的因果关系,或由原因推论出结果,或由结果推论出原因。一般来说,原因是论据,结果是论点。

第三,类比—对比论证。把两种相同、相似或相反的事物放在一起,进行比较、推论,从而得出有关结论。

第四,事理论证。这种方法用某种已经知道的某类事物的共同本质(大前提),去分析与其有关的未知的具体事物(小前提),揭示它特殊的本质(结论)。请看以下几句话:

语言学院的留学生都是来学习汉语的。
和子在语言学院学习。

所以,和子肯定也是学习汉语的学生。

这里一共只有三句话。第一句话是"大前提",告诉我们在语言学院学习的留学生有一个共同点:学习汉语。第二句是"小前提",具体的事实情况——和子是那里的学生。最后一句是结论。

现在,同学们可以回想一下,在刚才热身活动的辩论中都用了哪些论证方法?

练习

读后回答问题

(1)

我喜爱《读书》,因为它使我觉得还有所希望。我想起了台湾的龙应台。读过她的《龙应台小说》及其他作品的人都知道,那些观点鲜明、语言锋利、尖锐地指出各种社会、人生问题的文章,使人思考、震动(但不是说她的评论就是公正的定论)。相比之下,大陆的文艺批评界似乎有所不足:缺乏震动人的文章;对于某种引人注意的问题,缺少深刻的讨论。例如前一段时间对贾平凹的作品,现在对莫言的作品,似乎说一下就完了,没有从社会学的、文艺学的各个方面进行深入的研究和讨论。我们不是事事求结论。但我认为还是应该出现"龙应台"。

这段文字运用了什么论证方法?

(2)

第3期《读书》的一篇题目为《无话则短》的文章,指出《读书》有"多语症"——"用了好多不知是真外国人还是假外国人编造的术语","长出了十倍的胖肉"。我想,有的文章长,有的文章短,这是很自然的。把事情和问题简单明白地写出来当然很好,但把自己的感情和看法完全详细、毫无保留地写出来的长文章,也是一种"特色"。例如:章怡的文章,占了整期刊物的11页,可以说是"胖"了。他拿弗洛伊德等学者的理论来抒发对"禁区"的"压抑感情",文章虽长,但肯定长得有道理。李长声的《漫录》占8页,介绍日本国内对大江健三郎的评价,我认为8页是不够的,如果再长一些,能使人对诺贝尔文学奖有更深入的了解和认识。至于李辉关于"三家村"的文章,占9页,似乎是完全没有必要的"胖肉"。长有长的道理,有些事是怎么也说不完的。

(1) 这段文章的作者同意《无话则短》的作者的观点吗?
(2) 他采取了什么具体论证方法?

(3)

在萨义德提出"东方主义"之后,时间已经过去多年了,西方也经过了很多的政治斗争和变化,现在大部分人在写作和说话时已经非常小心了。但对现在的任何人来说,不理睬西方的理论又是很难的。因为像民主、妇女权利、艺术的价值等等,这些现代性的理性形式,我们都是接受的,也没有办法反对。而英语在世界各地已经成为一种强迫性的力量——不一定对每个人,但至少在学术翻译、国际交往中是如此。另外,虽然在"其他人"中(包括西方妇女和非西方的男人和女人)也产生了非常优秀的思想家,但奠定现代社会基础的思想家们——黑格尔、马克思、弗洛伊德、福柯——全都是白人,西方男性。

这段话用了什么论证方法?

(4)

许多学者认为:第二语言教学既是一门科学,又是一门艺术。这一概括从本质上反映了第二语言教学的性质和特点。对外汉语教学也是一种第二语言教学。因此,它跟作为第二语言的其他语言的教学,例如跟作为第二语言的英语教学、法语教学、日语教学等没有任何区别,它既是一门科学也是一门艺术。

(1) 这个段落用了事理论证的方法吗?
(2) 如果是,请指出大前提、小前提及结论。

二、阅读训练

阅读 1

成功的餐厅

有一个古老的故事,说一个国王到一家老餐厅吃饭,餐厅环境差,服务也不好。于是国王在这餐厅边上开了一家漂亮、干净、服务好的新餐厅。开始的时候,顾客都来他的餐厅吃饭。可是不久以后,他们又都回到了那家老餐厅。原来,老餐厅的菜做得比新餐厅好吃多了。

就经营实际来说,餐厅在开业之前,必须先把这个问题想清楚:能否把食物做得好吃?如果对此没有信心,最好就不要开业;如果餐厅已经开张,要做的事则是想办法保持好的食物品质,或是找一个好的厨师。能够找到一位手艺好的厨师,你的餐厅就成功了一半。但有时,问题也不是那么简单,成功也不是那么容易,食物好不好跟管理也有很大关系。

以台湾人爱吃的卤肉为例,要做出一锅香喷喷的卤肉并不难,只是肥肉瘦肉的比例、调味料的搭配有所不同,但是要想卤肉在端给客人的时候保持它最好的口味,就不容易了。由于卤肉需要花时间,一次只能卤一锅,卤好了马上上桌,口感最好。如果放久了,肉就老了,不好吃了;要是相反,卤的时间不够,则不够入味。然而卤肉店的客人上门,有非常明显的规律性。中午以前人很少,午休时间排大队,午餐过后又没人了,直到傍晚后。普通的卤肉店,人多的时候卖给客人卤得不够时间的卤肉,人少的时候卖给顾客的是卤得太老的卤肉。因此,只有准确地估计每一段时间的客人数量,安排合适的卤肉量,才能让所有的客人都享受到最好的卤肉。这不只是厨师的任务,更是管理者的责任,也是不少卤肉店成功的关键。

　　同样的道理,各种不同的餐厅,都有不同的成功关键:肉质是烤牛排的关键,好厨师加上好牛肉,才有好牛排;新鲜是海鲜的关键,好厨师加上活蹦乱跳的海鲜,才有好吃的海鲜。

　　成功的因素是复杂的,它与原料有关,与厨师有关,与管理有关,谁掌握得好,谁就成功。

（据《海外星云》）

回答问题
(1) 本文分别论证了经营成功的餐厅的几个因素?
(2) 本文用了什么论证方法?

参考词语

1. 卤肉	lǔròu	（名）	用盐水加五香或用酱油煮的肉
2. 香喷喷	xiāngpēnpēn	（形）	好吃的
3. 排队	páiduì	（动）	一个跟一个按顺序排成一行

阅读2

论　友　谊

　　儿子只是尊敬父亲,他们之间不会有友谊。友谊以平等的交流为基础,而这种交流却不能存在于他们之间,他们之间的差异太大了,而且,也许它还和天然的义务冲突。因为父亲不但不能把所有秘密的思想告诉给儿子听,而且儿子也不能对父亲加以责备和规劝。但这两方面却是友谊最重要的内容和任务。

兄弟的名分是美丽的,充满了挚爱亲情。就是为了这个原因,人们称呼自己的好朋友为"兄弟"。但是财产的聚与分,以及一个人富有而另一个人贫穷,种种因素对分化兄弟情谊都有极大的作用。既然兄弟们要把他们的事业用同样的速度推上同一个轨道,那么他们便不得不常常发生冲突,互相争夺。真正完美的友谊所具有的契合和关系,往往不会存在于亲兄弟之间。

父亲和儿子是不可选择的;兄弟也一样。而友谊却是自由选择的产物。

(据《蒙田随笔》)

选择正确答案

(1) 作者认为父子之间没有友谊的原因有:
　　A. 财产问题　　　　　B. 交流问题
　　C. 与天然的义务冲突　D. B 和 C

(2) 作者认为兄弟之间没有友谊的原因有:
　　A. 财产问题　　　　　B. 事业问题
　　C. 个人经济情况　　　D. 以上全部

(3) 作者认为友谊的基础是:
　　A. 自由选择　　　　　B. 爱和尊重
　　C. 平分财产　　　　　D. 都不是

(4) 从整篇文章来看,本文用了什么论证方式?
　　A. 事实论证　　　　　B. 事理论证
　　C. 因果论证　　　　　D. 对比—分类论证

参考词语

1.	天然	tiānrán	(形)	本身就有的、自然的
2.	义务	yìwù	(名)	根据法律或道德一定要做的事
3.	责备	zébèi	(动)	批评
4.	规劝	guīquàn	(动)	用道理劝说
5.	名分	míngfèn	(名)	指人的名义、地位和身份
6.	契合	qìhé	(动)	思想、习惯等合得来

阅读 3

1. 读前讨论

请大家说说什么是乌托邦(Utopia)

反面乌托邦的启示

《我们》、《1984》和《美丽新世界》三部书,称为"反面乌托邦三部曲"。

反面乌托邦,大概是指前人幻想中的乌托邦世界,不是理想的自由幸福的乐园,不是人类的美梦;相反,它是人类的噩梦,是反人性的,是严密的社会组织与先进技术结合并形成的对人类的可怕控制。这是一个有趣的概念。

我们已经习惯了被简单化了的历史乐观主义,即简单地认为今天比昨天好,明天比今天好,后天比明天好。把历史看成一个爬山的过程,爬的时间越长,爬得就越高。我们认定,未来是解决了今天的一切问题的欢乐世界。未来就是肯定的进步和幸福,过去则是一片黑暗,而现在的意义就在于通过牺牲和努力迎接未来。

而反面乌托邦提醒我们,未来也可能是坏的,今天的一切不一定事事胜过昨天,而明天的一切也不一定事事比今天强。不断发展的技术、社会秩序、效率,都可能反过来成为人类的敌人,都可能使人类成为它们的控制物和牺牲品。三部小说都为我们描绘了一幅幅可怕的未来图景。

三部小说的作者对科学主义和技术主义的批评使中国的读者感到新鲜。在西方世界,科技的日新月异使人感到它几乎是"无所不能"的,而人们对人际关系、社会生活、家庭婚姻与个人内心生活中的种种问题仍然感到无能为力。一边是无所不能,一边是无能为力,巨大的不平衡造成了小说家们的噩梦——反面乌托邦。

在中国谈论反面乌托邦似乎还太早了。我们正苦于生产力不发达、劳动效率不够高、科学技术不够进步。但反面乌托邦让我们更深刻、更全面地思考一些问题,获得更多的远见:我们所追求的发展和现代化应该是带来人的全面发展的发展和现代化,而不仅仅是带来技术、经济发展的现代化。

（据王蒙《欲读书结》）

2. 请在文章中找出与以下词语意义相对的词语

过去：

美梦：

无能为力：

不平衡：

3. 判断正误

（ ）(1) 这是一篇读后感。

（ ）(2) 从前的人认为乌托邦是一个美好幸福的世界。

（ ）(3) 看了文章中提到的三部小说，读者可能感到不愉快。

（ ）(4) 作者反对那三部小说的作者对现代化的看法。

（ ）(5) 作者认为历史乐观主义太简单了。

（ ）(6) 作者认为西方的现代化是不平衡不全面的。

4. 讨论：未来一定比现在好吗？

参考词语

1.	秩序	zhìxù	（名）	由于对法律、规则等的遵守而产生的状况
2.	牺牲	xīshēng	（动）	为了一定目标而付出宝贵的东西
3.	苦于	kǔyú		因为X而苦恼
4.	远见	yuǎnjiàn	（名）	看问题看得比较远

第五十八课

一、技　能

新闻阅读

热身活动

看标题，读新闻

1. 上课前，请教师打印某门户网站当天或前一天的新闻首页，并根据新闻标题提十个问题。
2. 上课时，4个同学一个小组完成阅读任务。
（1）阅读网页内容，并回答老师提的问题。
（2）全班同学讨论并投票选出他们最想读的新闻。
3. 下课后，教师打印学生选出来的新闻，作为下一次上课的补充阅读语料。

新闻的标题很重要。新闻的标题除了主要的题目（正题），还有引题和副题。引题在正题前面（上面），副题在正题后面（下面）。正题一般是揭示新闻的主要内容，引题和副题可能是补充正题的内容，也可能是对新闻给予评价，表达作者的观点。一般读者都是通过阅读标题决定自己是否对有关新闻感兴趣并继续阅读的。

新闻的内容一般分为三部分：导语、主体、结尾。在一般情况下，导语往往把最重要的新闻要素：时间、地点、人物、事情、原因和怎么样写出来。没有时间的读者，可以只通过读导语来了解最近发生的事情。

练习

阅读下列两条新闻并填空

11岁高中毕业生报考中山大学

1. 根据标题,写出本文中下列新闻要素的大概内容(如有的话)

时间＿＿＿＿＿＿＿＿＿＿＿＿＿＿＿＿＿＿＿＿＿＿＿；
地点＿＿＿＿＿＿＿＿＿＿＿＿＿＿＿＿＿＿＿＿＿＿＿；
人物＿＿＿＿＿＿＿＿＿＿＿＿＿＿＿＿＿＿＿＿＿＿＿；
事情＿＿＿＿＿＿＿＿＿＿＿＿＿＿＿＿＿＿＿＿＿＿＿；
原因＿＿＿＿＿＿＿＿＿＿＿＿＿＿＿＿＿＿＿＿＿＿＿；
怎么样＿＿＿＿＿＿＿＿＿＿＿＿＿＿＿＿＿＿＿＿＿。

2. 现在阅读导语,找出新闻要素的具体内容并填上

　　1月2日、3日,中大南校区熙熙攘攘,来自全国三十个省市区的自主招生考生共计1400多名学生前来参加笔试和面试。其中一名11岁高中毕业生出现在考场,引起人们的注意。

3. 如果还有要素是导语中没有出现的,请在新闻主体中找出来填上

　　在一大群高三考生中有位小个子圆脸蛋的男孩格外显眼,这个今年只有11岁半的考生小龚来自南海中学。2日大早,小龚便由外公领着从南海赶到中山大学参加自主招生的笔试。他6岁在山西省上初中,用一年半时间完成初中学习后转到苏州复读一年初三,又以优异成绩从苏州中学毕业,来到广州继续他的高中学习,如今读高三的11岁小龚终于要报考大学了。

　　小龚认为自己其实和其他考生没什么不同,只是年纪小一点而已,而让他不断超前学习的动力则是他"一直对新鲜事物怀有的好奇心"。由于成绩优秀,经过老师的推荐,小龚获得了参加中大自主招生的机会。他说,中大和他想象的差不多:"氛围很好,校园很大。"

　　面试考官高定国教授表示,11岁的小龚知识相对全面;如果忽略他的年龄,他的水平可算中上等,但他确实有超越同龄人的老练与成熟。

(据《信息时报》)

第五十八课

醉汉在11楼外高空行走往下扔钞票

1. **根据标题,写出本文中下列新闻要素的大概内容(如有的话)**

时间＿＿＿＿＿＿＿＿＿＿＿＿＿＿＿＿＿＿＿＿＿＿＿＿；
地点＿＿＿＿＿＿＿＿＿＿＿＿＿＿＿＿＿＿＿＿＿＿＿＿；
人物＿＿＿＿＿＿＿＿＿＿＿＿＿＿＿＿＿＿＿＿＿＿＿＿；
事情＿＿＿＿＿＿＿＿＿＿＿＿＿＿＿＿＿＿＿＿＿＿＿＿；
原因＿＿＿＿＿＿＿＿＿＿＿＿＿＿＿＿＿＿＿＿＿＿＿＿；
怎么样＿＿＿＿＿＿＿＿＿＿＿＿＿＿＿＿＿＿＿＿＿＿。

2. **现在阅读导语,找出新闻要素的具体内容并填上**

4日10时50分,四平一小区内一男子在位于11楼的自家和邻居家的窗台间上演高空行走,一边往下扔钞票,一边喊:"太阳把月亮给吃了……"幸亏小区保安及时赶到,才没发生危险。

3. **如果还有要素是导语中没有出现的,请在新闻主体中找出来填上**

据了解,该男子最近经常喝酒,3日晚喝醉酒后就在该楼电梯里过了一夜。4日早,保安在电梯里发现他后,及时将其送回家。没想到几小时后,他又开始闹了。

记者赶到中华名城小区17号楼时,楼下几个保安正围着一中年男子说话。该男子神情和说话的语气有些不正常。据了解,该男子姓孙,是骑人力车的,住在17号楼11层,最近一段时间总喝酒。

一位保安说,4日10时50分,有人发现孙某从卧室的窗户爬出来,站到外面的窗台上,然后在窗台上向下扔了一张50元的钞票和一张10元的钞票,接着向楼下的人喊:"太阳把月亮给吃了,我给你们扔钱,你们就拿着吧……"

小区保安发现后报了警,并迅速上楼施救。保安进入房间将该男子从窗台上抱下来,此时该男子还问:"你们是从哪个星球来的?"保安发现,该男子又喝了不少酒。为了避免他再次爬出窗外,保安将他带到了楼下,并将其女儿找回,让她把父亲带回家看好,并把扔下来的钱给了他女儿。

据医生介绍,长期大量饮酒很可能导致人出现癫狂症状或者出现幻觉,孙某言语和行为失常,可能是大量饮酒导致的后果。

(据《新文化报》)

二、阅读训练

阅读 1

"铿锵玫瑰"今日战芬兰 战绩实力均占绝对优势

中国女足在2009年首度亮相就6∶0大胜弱旅新西兰女足,在取得新年开门红的同时,也为四国赛夺冠打下了坚实的基础。今日,休整一天的中国女足将迎来实力更弱的芬兰女足,面对身材高大的芬兰女足,脚下技术更加细腻的中国女足取胜应在情理之中。

看战绩:女足9胜对手

在中国女足和芬兰女足的交锋史上,两队总共交锋11次,铿锵玫瑰取得9胜1平1负的战绩,进34球仅失4球。从1989年开始,中国女足长时间内一直在与芬兰女足的比赛中占据绝对上风,大比分取胜的次数很多。A级比赛最大胜利是1991年的6∶0大胜。

看实力:女足绝对优势

芬兰女足在最新一期的国际足联女足排名中位列第17位,比中国女足低4位。此次应邀参加广州四国赛,芬兰女足的目标就是为了锻炼队伍,积极备战8月份开始的女足欧洲杯。作为欧洲二流球队,芬兰女足的实力与中国队差距极大,身体强壮的芬兰女足缺少德国女足的细腻,也缺乏英格兰女足的流畅。尽管芬兰女足姑娘们个个身高马大,但在技术上芬兰女足甚至比新西兰队还要差,因此只要中国女足打出自己的风格,本场比赛就会失去悬念。

(据《三秦都市报》)

1. 选择正确答案

(1) 根据课文,中国女足对芬兰女足的比赛:
    A. 赢的机会很大   B. 很有可能会输
    C. 赢的机会比较小   D. 赢的机会比较大

(2)"铿锵玫瑰"指的是：
    A. 中国女足   B. 芬兰女足
    C. 新西兰女足   D. 铿锵玫瑰女足

(3)中国女足在哪年的比赛中输给芬兰女足？
    A. 2008年   B. 1989年
    C. 1991年   D. 不知道

(4)与芬兰女足比：
    A. 德国女足打得更流畅   B. 英国女足技术更细腻
    C. 中国女足技术不如她们   D. 新西兰女足的技术要好一些

2. 回答问题
(1)新闻作者从哪几个方面分析中国与芬兰的比赛？
(2)"男篮"和"女排"的全称是什么？

参考词语

1. 占优势   zhàn yōushì   比对手强
2. 交锋   jiāofēng   (动)   比赛
3. 上风   shàngfēng   (名)   风吹来的地方，比喻优势
4. 悬念   xuánniàn   (名)   让人想知道最后答案和结果的因素

阅读 2

经过18天综合救治　贵州人禽流感患者脱离危险

据卫生部网站消息，2月2日10时，贵州省人民医院向媒体通报：经过18天全力综合救治，该院收治的1名人禽流感患者目前已脱离危险，正逐步康复。

据介绍，该患者以畏寒、发热症状，于2009年1月15日到贵州省人民医院就诊，1月24日被诊断为"人感染高致病性禽流感$A(H_5N_1)$，重症肺炎，心肌损害"。

1月15日患者被收入感染科隔离病房后，医院迅速组织会诊，制

订诊疗方案,对患者及其排泄物等实施严格消毒隔离。1月19日,患者出现咳嗽、咳粉红色痰、气促、端坐呼吸、面色发绀等成人呼吸窘迫综合征表现,X线胸片和CT提示肺部炎症进展迅速,从左下肺炎症蔓延为双肺大面积炎症。专家再次会诊,一致认为该病例为"不明原因肺炎",立即向贵阳市南明区疾病预防控制中心报告,同时网报。在卫生部医学专家的指导下,医院每日9时进行会诊,随时根据病情调整治疗方案。24日确诊为:"人感染高致病性禽流感A(H_5N_1),重症肺炎,心肌损害。"截至1月31日18时,患者生命体征平稳。

2月1日,贵州省禽流感防治专家组为患者会诊病情,认为目前患者已脱离危险,无传染性,现进入恢复期治疗和观察。贵州省卫生厅经上报卫生部和省政府,全部解除125名与病人密切接触人员的医学观察。目前,该省医疗机构未发现疑似人禽流感病例。

(据中国新闻网)

判断正误

(　)(1) 1月24日,贵州省人民医院收留了一名禽流感病人。
(　)(2) 开始时医院对病人并不重视。
(　)(3) 患者1月19号就确诊为禽流感。
(　)(4) 患者出现成人呼吸窘迫综合征表现,呼吸困难,面色很难看。
(　)(5) 1月31日,专家经过会诊认为病人已经脱离了危险。
(　)(6) 与病人密切接触过的人都还有可能被传染。
(　)(7) 贵州医疗机构再次发现疑似禽流感病例。

参考词语

1. 康复	kāngfù	(动)	指病后身体复原
2. 畏寒	wèihán	(动)	怕冷的意思,一般指生病后的一种表现
3. 肺炎	fèiyán	(名)	一种肺部疾病
4. 排泄物	páixièwù	(名)	一般指人或者动物的小便或者大便
5. 绀	gàn	(形)	一种颜色,青紫色
6. 生命体征	shēngmìng tǐzhēng		一个人的心跳、呼吸、脸色等等,表示一个人的健康状况因素
7. 传染	chuánrǎn	(动)	像SARS这样的病,我们称为传染病。"传染"在这里是动词,意思就是说一种病由一个人的身上传到另外一个人身上

阅读3

两个同学一组,一个阅读前两段,另一个阅读后两段。读后完成阅读任务

调查显示日本近七成新成人担心今后的出路

据共同社报道,东京一家婚姻信息服务公司"Onet"和网络调查公司"乐天调查"2008年12月12日至15日对将在2009年迎来成人仪式的832名日本男女青年进行了调查。

对于"现在所担心的问题",69%的受访者选择了"今后的出路"。针对"怎么看以后的工作"的提问,56%的人表示"经济陷入衰退,担心能否就业"。在越来越多人失业的情况下,有36%的受访者"担心自己只能找到非正规的工作"。

每年1月的第二个星期一是日本的"成人节",在上一年里度过自己20岁生日的新成人都要在这一天参加当地举办的各种庆祝仪式和活动。12日是2009年的"成人节",日本全国将有133万新成人正式迈入成人行列。

根据日本总务省2008年12月31日公布的人口统计,日本年满20岁的新成人包括68万男性和65万女性,连续15年更新历史最低纪录。新成人占总人口的比例也创历史最低的1.04%。

(http://news.xinhuanet.com/newscenter/2009—01/12/content_10642831.htm)

1. 阅读任务1:读后两段的同学根据以下提示介绍日本的成人节以及2009年的成人节的有关情况
(1) 成人节的时间、参加者、内容;
(2) 2009年成人节的时间,参加人数(男性、女性),特点。

2. 阅读任务2:读前三段的同学根据以下提示介绍有关新成人的调查
(1) 调查者、调查时间、调查对象、人数;
(2) 调查问题;
(3) 答案,选择各个答案的比例。

3. 两个同学一起,给这个调查写一个结论

现在,请同学们一起读这篇新闻的导语并与你们写的结论对比一下。

　　日本一项最新调查结果显示,在今年即将跨入成人行列的年轻人中,近七成担心自己今后的出路,半数人对就业前景持悲观态度。

参考词语

1. 就业　　jiùyè　　（动）　得到工作机会,参加工作
2. 仪式　　yíshì　　（名）　大型活动或者典礼进行的顺序

第五十九课

一、技　能

散文阅读与欣赏

热身活动

以下是一些散文的题目,3个同学一个小组,根据题目把它们分类,并说明理由
《藤野先生》、《一件小事》、《荷塘月色》、《长江三日》、《白杨树》、《好女孩上天堂》、《我的父亲》、《总有一些事情让我们泪流满面》

以上是一些著名的散文的题目。散文是一种比较自由的文章形式。选用的材料广泛、自由,什么都可以写,只要是真实的;写法也很灵活,可以叙述、描写、抒情,也可以议论、说明。

根据内容和表现方式的不同,散文可以分为三类:(1)记叙性散文:又分叙述事情和人物两种。(2)抒情性散文:主要是表达作者的感情,写事物和人,是为表达感情服务的。(3)议论性散文:通过对具体事物的形象描写来议论、说明道理。你们刚才的分类跟这个分类是不是差不多?

阅读散文时,首先要明白作者写的是什么,是叙述一件事、讲一个人,还是描写景物。同时,还要理解作者通过这些事情、人物、景物,要表达什么感情、说明什么道理。还有一点很重要的是:要慢慢学会欣赏好的散文,因为这些散文体现了汉语的美。

练习

选择正确答案

(1)

我的面前跳着一只小鸟,它使我想起了十多年前的一件事。

我小时候很喜欢表哥,他常常来我家玩儿。有一天,他带来了一只可爱的"小鸟",它的小脑袋圆圆的,身子黄黄的,不停地叫着,真可爱。表哥告诉我,这小鸟长大以后会变成公鸡。当时我不敢相信,这么可爱的小鸟怎么会变成那么凶的公鸡呢?可后来我知道它真的是一只鸡,因为它开始一点点变大了,变白了。它那可爱的黄毛都哪儿去了?我觉得既神奇又可惜。

　　可我还是喜欢那只"小鸟",一放学回家就逗它玩儿。它长大了可我还是叫它小鸟。

　　有一天放学回家,我的小鸟不见了。我问妈妈,她说:"爸爸把它带到朋友家去了。"我想:"爸爸带它去干吗?"原来我的好爸爸高高兴兴地把它吃了,我心里很难过,哭了一整天。我爸爸说:"要不要一只小狗?"我说:"不要!"因为我知道等它长大以后,爸爸肯定又会高高兴兴地把它吃掉了。可爸爸还是买了一只小狗,但不久我把那小狗送给别人了,我怕有一天它变成一道菜,被端到我们的餐桌上。

(据《散文》)

(1) 这是一篇属于什么类别的散文?
　　A. 抒情性　　　　　　　　B. 议论性
　　C. 写人的叙述性　　　　　D. 写事的叙述性

(2) 这篇散文语言方面的特点是:
　　A. 简洁朴素　　　　　　　B. 优美感人
　　C. 轻松幽默　　　　　　　D. 充满动感

(3) 本文结构上的特点是:
　　A. 以空间为顺序　　　　　B. 以景物为中心
　　C. 以人物为中心　　　　　D. 以时间为顺序

(2)

　　真抱歉,我连他的真名都想不起来了。和他同时期的研究生都叫他"小陆克"。陆克是30年代美国滑稽电影明星。叫他小陆克是没有道理的。他没有哪一点像陆克,只是因为他姓陆,长脸,个儿很高,两腿甚长,走起路来有点打晃。这个人物有点儿传奇性,他曾经徒步旅行了大半个中国。所以能完成这一壮举,大概是因为他腿长。

　　他在云南大学附近的一所中学——南英中学兼一点儿课,我也在南英中学教一班国文,联大同学在中学兼课的很多,这样我们就比较熟了。他的特点是一天到晚泡茶馆,可成为联大泡茶馆的冠军。他把脸盆、毛巾、牙刷都放在南英中学下坡对面的一家茶馆里,早起到茶馆洗脸,然后泡一碗茶,吃两个烧饼。他的手指特别长,拿烧饼的姿势是兰花手。吃了烧饼就喝茶看书。他好像是历史系的研究生,所看的大都是很厚的外文书。中午,出去随便吃点儿东西,回来重新要一碗茶,接着泡,看书,整个下午就这么过去了。晚上出去吃点儿东西,回来还是泡。一直到灯火阑珊,才挟了厚书回南英中学睡觉。他看了那么多书,可是一直没有见他写过什么东西。联大的研究生、高年级的学生,喜欢在茶馆里高谈阔论,他只是在一边听着,不发表他的见解。他到底有没有才华?我想是有的。也许他眼高手低?也许天性羞涩,不爱表现?

他后来到了重庆,听说生活很潦倒,到了吃不上饭的程度。终于死在重庆。

(据《汪曾祺散文随笔选》)

(1) 这是一篇属于什么类别的散文?
A. 抒情性　　　　　　　　B. 议论性
C. 写人的叙述性　　　　　D. 写事的叙述性

(2) 这篇散文语言方面的特点是:
A. 简洁朴素　　　　　　　B. 优美感人
C. 轻松幽默　　　　　　　D. 充满动感

(3) 本文结构上的特点是:
A. 以空间为顺序　　　　　B. 以景物为中心
C. 以人物为中心　　　　　D. 以时间为顺序

(3)

秋天是乡愁的季节,也有沉重的色彩。清晨,哈德逊河平静纯透,我站在河畔,看见大块大块的积雨云从地平线升起,布满天空,平静的心不禁蒙上忧郁的影子。排成人字形的大雁,从北向南迁移,翅膀灰灰地扇动着,线条飘忽着前行,勾起我对家乡的思念。

最让人心动的还是夜雨秋声。傍晚,一片灰蓝的雨云升上半空,院子里秃枝上的几片残叶红得冷艳而凄凉。夜里,风声来了,落叶摔在木阁楼的斜顶上,发出令人心悸的叹息。一阵阵的雨滴,拍打着玻璃窗、木头板壁,敲出冷冰冰的声音。这时,我感觉到冬天的足音已经临近。

(据《世界日报》)

(1) 这是一篇属于什么类别的散文？
  A. 抒情性   B. 议论性
  C. 写人的叙述性   D. 写事的叙述性

(2) 这篇散文语言方面的特点是：
  A. 简洁朴素   B. 优美感人
  C. 轻松幽默   D. 充满动感

(3) 本文结构上的特点是：
  A. 以空间为顺序   B. 以景物为中心
  C. 以人物为中心   D. 以时间为顺序

二、阅读训练

阅读 1

1. 读前讨论

(1) 你们吃过四川菜或湖南菜吗？这两种菜的特点是什么？

(2) 当你们吃很辣的菜的时候，是什么感觉？
  提示词语：舌头、嘴唇、嘴巴、胃、眼泪、出汗

(3) 查查地图，看萍乡在什么地方，那里的菜属于什么菜？

(4) 在你们国家，"辣椒"或"辣"可以用来比喻某种人或性格吗？

萍乡人吃辣椒

萍乡人跟辣椒特别亲。

在外婆家，早晨一人一碗干巴巴的米饭，菜只有一碗红辣椒炒绿辣椒。午饭晚饭的菜也很简单：黄豆炒辣椒，白菜炒辣椒。加菜时，有一碟辣椒炒小虾。二姨、小姨只要有辣椒就能吃下三大碗饭。一看到她们吃饭的样子，我就会心慌，就会觉得肚子特别饿。

仔细瞅过二姨、小姨的嘴，嘴唇挺厚，红红的，好像里面有很多血。再留心看别人家的女子，好像都有厚厚的红嘴唇。有一天，我突然明白了，那都是辣椒辣出来的呀！我很想有红红的厚嘴唇，就学着拼命吃辣椒。

萍乡的辣椒跟萍乡的女子一样，烈得很，冲得很，能辣得人七窍出

火、出烟。那些辣椒一碰嘴唇,嘴里"哄"地一下就像烧起了大火,可怜里面的牙齿、舌头躲都没地方躲,只能慌忙应战。立刻,头发丝冒汗了,下巴尖冒汗了,眼泪鼻涕横着流,恨不得把自己扔进大水缸里泡起来。后来,吃辣椒时我干脆不嚼,飞快地往下咽,就像吞了一把火,火烧到脖子了——烧到胃里了——在烧肠子呢……结果,没辣出红嘴唇、厚嘴唇,只辣出了咽炎和胃炎。

萍乡辣子的特点是火辣火辣的,那火上还浇了油,辣得人肉痛心痛,痛到极点时,忽然会进入一种微醉的境界:血管里的血快活地跑来跑去,肚脐周围热乎乎的,一股辣气由下而上,直冲头顶,势如破竹,胃口"砰"地开了,眼珠子"刷"地转起来了。这时候,吃什么都好吃。这时候,觉得自己特能吃,特能干,特聪明。

(据李兰妮《人在深圳》)

2. 选择正确答案

(1) 从文章可以推测出,"我"在那时是一个:
    A. 阿姨　　　　　　　　　　B. 成年人
    C. 不懂事的孩子　　　　　　D. 别人家的女子

(2) 萍乡的女子嘴唇特别红,"我"觉得原因是什么?
    A. 她们爱化妆　　　　　　　B. 她们常吃辣椒
    C. 里面有很多血　　　　　　D. 文章没有说

(3) 下面哪一段描述了吃辣椒的感觉?
    A. 第一段　　　　　　　　　B. 第二段
    C. 第三段　　　　　　　　　D. 第四段

(4) 哪一段的内容主要支持第一段的意思?
    A. 第二段　　　　　　　　　B. 第三段
    C. 第四段　　　　　　　　　D. 第五段

参考词语

1. 拼命	pīnmìng	(副)	比喻用最大的努力去做
2. 烈	liè	(形)	形容性格刚强,容易发火
3. 七窍	qīqiào	(名)	眼睛、耳朵、嘴、鼻孔等
4. 应战	yìngzhàn	(动)	接受别人的挑战
5. 咽	yān	(名)	口腔后部的器官

6. 浇	jiāo	（动）	让水和别的液体落在物体上
7. 境界	jìngjiè	（名）	事物达到的程度或表现的情况
8. 肚脐	dùqí	（名）	肚子中间凹进去的小坑，是出生时脐带脱落的地方，又叫肚脐眼儿
9. 势如破竹	shìrúpòzhú		像劈竹子一样，比喻不断胜利，不断前进，没有阻碍

阅读 2

紫 荆 花

我们中山大学留学生楼下有一条路，这条路走尽就到了紫荆园。为什么叫紫荆园呢？据说就是因为这里有很多紫荆花。

紫荆花当然是紫色的了，可这种紫色不是平常的紫色，而是它自己独有的颜色，就叫它紫荆色吧！紫荆花有五瓣儿，每瓣同样的大小，同样的颜色，花开时五瓣儿都向外伸展出来，接住阳光，好像想尽量地夸耀自己的美丽。花蕊弯曲嫩白，轻风一吹，花就轻轻地摇动，长长的丝头低下来像一个害羞的美丽姑娘一样。叶子也簌簌地响起来了，温柔的声音像在跟谁说悄悄话，又像是在唱一首情歌。真美啊！这时如果能够坐在树下，一边看花，一边听这种动听的声音，那真叫人陶醉。

秋天是紫荆花绽放的季节，那时这条路真是由花绣成的。到处都是花，地上，树上，路两边儿的草丛里，甚至在人的眼中。这时如果你慢慢地走在路上，你会觉得好像走进了紫荆花王国，围绕在你身边的都是紫荆花。一眼望去，这条路就像一条紫荆色的丝绸，这条丝绸在秋天金色的阳光中，在寂寞的秋色中，实在美丽得让万物妒忌，这种美会给人心里造成一种只能意会不能言传的感觉。

秋天很少下雨，如有，也是夏天剩下的几许阵雨。你见过雨中的紫荆花吗？每朵花，每片叶子由于冷而颤动，它们拥抱着，依靠着，缩起身来躲避大雨。它们似乎很怕被风雨拉出母体来，扔到地上。哪朵花短命就慢慢地飞在空中，舍不得落下去。它们发出一种声音，如在恳求雨不要再下，风不要再刮，在大风暴雨咆哮的声音中，这种小小的声音太可怜了！雨停时，满路都是紫荆花，像一片长长的紫荆色地毯一样。虽然花开花谢只是生活的一种平常规律,但每次看见这样的景象我总是很难过,想走过这条短路而又不敢把脚踏上这些小小的花瓣,怕它们疼痛。看见人家说说笑笑地走在路上,踏在紫荆花上,我就觉得好像他们正踏在我的心上一样难受。

紫荆花并没有香味儿,可是在我的眼里它却是花草中最美的一种。昨天去教室时,抬头一看,忽然发现葱翠的叶子里有一朵小小的紫荆花在风中摇来摇去,好像也在看我,在呼唤我。啊,紫荆花又要开了!只要过一两个星期这条路就将盈满紫荆花。唉!这朵最早的小小的紫荆花啊,你实在让我的心跳得快了些,你知道吗?

(据《外国学生汉语作文比赛获奖作品选》
(越南)何黎金英文)

1. 看图说词语

花瓣　花蕊　地毯　绣　丝绸

2. 选择正确答案

(1) 文章的第二、三、四段分别描写:
  A. 紫荆花的花朵,秋天的寂寞,雨中(后)的紫荆花
  B. 紫荆花的花朵,雨中(后)的紫荆花,秋天的紫荆花
  C. 紫荆花的花朵,秋天的紫荆花,雨中(后)的紫荆花
  D. 介绍紫荆花的特点,秋天的紫荆花,雨中的紫荆花

(2) 作者写这篇文章的时候是什么季节?
  A. 初秋　　　B. 初夏　　　C. 秋末　　　D. 春天

(3) 这篇散文是:
  A. 记叙性散文　　B. 抒情性散文　　C. 议论性散文

(4) 本文在结构上的特点是：
    A. 以时间为顺序　　　　　　B. 以空间为顺序
    C. 以景物为中心　　　　　　D. 以作者感受为中心

(5) 这篇文章的语言特点是：
    A. 优美　　　　　　　　　　B. 简洁
    C. 幽默　　　　　　　　　　D. 伤感

3. 把相关的词或词组连接起来

花蕊	地毯	动听
叶子的响声	丝绸	美丽得让万物妒忌
开满花的路	情歌	弯曲嫩白
满路的落花	害羞的姑娘	紫荆色

参考词语

1.	害羞	hàixiū	（形）	害怕、不好意思
2.	温柔	wēnróu	（形）	形容性格、动作或语气轻而柔和
3.	陶醉	táozuì	（动）	很满意地沉浸在某种情绪或思想活动中
4.	寂寞	jìmò	（形）	孤独
5.	妒忌	dùjì	（动）	对比自己强的人感到不满、生气
6.	颤动	chàndòng	（动）	发抖、微微地动
7.	躲避	duǒbì	（动）	离开对自己不好的东西

阅读 3

学会欣赏

　　有人说，男人和女人最重要的是相爱。而我说，相爱并非最重要，重要的是能互相欣赏。

　　有朋友问我：会不会有一天，你将自己的思想和情感，完完整整地奉献给一个男人。

　　我很想反问：为什么不去问一问黄河长江，哪一天她会将自己完完整整地奉献给大海。

永远没有枯竭的思想,也永远没有枯竭的情感,只在于你能不能接纳,会不会欣赏。

许多男人对我说,最讨厌女人啰唆。我想,那是他们无法欣赏那一份蕴藏在倾诉中的情感。有人说受不了女孩的浮浅,也有人说忍受不了女人的冰冷。其实,许多时候,是他自己欣赏不了。

雪山也冰冷,可她有晶莹的美;小溪也浮浅,而流水中自有清秀。欣赏你周围每一片树叶、每一寸泥土、每一丝阳光、每一滴雨水,更何况,每一个有血有肉有灵魂的人——女人。

只要你能,欣赏那一抹背对着高朋满座的冷落和寂寞,我将把那一扇孤独的窗儿敲开,与你共享那一片星与月的交融。

只要你能,欣赏那成功时的平淡和失败中的微笑,是非成就便成了一江流水,载起你的双桨、我的小船、你的奋斗、我的理解。

只要你能,欣赏这世界一半的另一半,你就会拥抱一个完整的世界。

这世界树叶有千万片,这世界女人有千万种,不一定都要相守,不一定都要相爱,只要你能欣赏。

(据《夕阳下的小女人》)

选择正确答案

(1) 对于本文,下面哪句话是对的?
    A. 论述严密　　　　　　　　B. 描写很多
    C. 举了一些例子　　　　　　D. 用了许多比喻

(2) 本文的特点是:
    A. 用反问句　　　　　　　　B. 用形象说明道理
    C. 用雪山形容女人　　　　　D. 用大海形容男人

参考词语

1. 枯竭　　kūjié　　（形）　　(水源)干枯,断绝;(财力、精力等)用完了,用尽了
2. 倾诉　　qīngsù　　（动）　　完全说出(心里的话)
3. 浮浅　　fúqiǎn　　（形）　　(学问、知识、修养)不深,缺少

第六十课

单元复习

阅读 1

1. 课前小调查：每个同学访问一个中国朋友，请他们回答以下问题，阅读课文前大家一起分享各自得到的答案
  (1)"雷峰"是谁？为什么要学习他？
  (2)"屁股冒黑烟的公交车"是什么样的？
  (3)"飞车飞站的公交车"呢？
  (4)你常常让座吗？
  (5)你会给什么人让座？
  (6)你在什么情况下肯定不让座？为什么？

乘车不再拥挤　文明空间更大

　　小时候，我们是习惯并乐于让座的，既是学雷锋，又有了写好人好事作文的素材。那时的公交车并不很挤，大多数人还是步行或骑自行车。

　　工作以后，天天早晚挤公交车，却已经没座可让了。半天晃来一辆车，能挤上去已经谢天谢地。其实，就算坐着的想要站起来完成让座这个动作，恐怕也非易事。

　　印象最深的一幕：没挤上车的总是喊着再挤挤，里面还空着呢；一旦挤上去了，立即就对车下人喊，再挤不了了，等下一辆吧。有人因此把那块车门踏板称为"变心板"，踏上前后，态度迥异。此时此刻，人们哪会有心情去思考让不让座这种事呢。

　　如今，这样的拥挤已经越来越少了。公交状况日益改善：车次增加了，车辆舒适漂亮了，线路设计越来越人性化了，出行选择越来越多样化了。

有乘车的空间,才有乘车文明的空间。文明乘车有关谦让宽容的道德因素,但首先还是取决于公交的进步与发达。这种进步除了上述"硬件",也涉及公交服务的"软件"。屁股冒黑烟的公交车,不可能不让人讨厌;频频飞车飞站的公交车,难免让人抱怨……日益改善提高的公交服务意识与水平,才能从根本上促进人们乘车礼仪的文明。

(小乔)

2. **判断正误**

(　)(1) 这篇文章使用了因果论证来论证观点。
(　)(2) 这篇文章的观点是：只有提高公交服务水平,才能提高人们的乘车文明水平。
(　)(3) 这篇文章主要介绍公交发展的历史。
(　)(4) 文章从四个方面说明公交状况日益改善。
(　)(5) 现在的公交服务从硬件到软件都非常好了。
(　)(6) 对于一个学校来说,教室是"硬件",教师是"软件"。

参考词语

1.	素材	sùcái	(名)	写作的内容、题材
2.	公交	gōngjiāo	(名)	公共交通
3.	迥异	jiǒngyì	(形)	完全不一样
4.	取决于	qǔjuéyú		一事物由另一事物决定
5.	抱怨	bàoyuàn	(动)	不满意,提意见
6.	意识	yìshi	(名)	知道应该做什么的想法
7.	礼仪	lǐyí	(名)	礼貌、仪式

阅读 2

两个同学一组,先一起阅读第一段,然后一个同学读第二、三段,另一个同学读四、五段,读后完成阅读任务

鹦鹉趣话

鹦鹉,羽毛色彩美丽,有白、赤、黄、绿等色,多生活在热带森林中。分布于美洲、澳大利亚和我国南部亚热带地区及西南等地。

鹦鹉的舌头,肉质柔软而又富于弹性,经过反复训练,能模仿人说话。唐代诗人白居易称赞鹦鹉是"鸟语人言无不通"。《开元天宝遗事》中有这样一个故事:长安人杨崇义,被他的妻子及妻子的情人李弇杀死了,埋在枯井里。官员到杨家调查,一无所获。正要离开,杨崇义养的鹦鹉忽然开了口:"杀主人的是李弇。"这是杨崇义临死前教鹦鹉说的话。于是,杀人犯被抓住了。这件事被当时的皇帝知道了,就封鹦鹉为"绿衣使者"。从此,鹦鹉又多了一个绿衣使者的美称。

鹦鹉的听觉十分灵敏,经过严格训练,能够报警。第一次世界大战期间,雷达尚未发明。法国和德国作战,德军经常空袭法国。后来,法军就把经过训练的鹦鹉放在埃菲尔铁塔上,用来报告德国飞机空袭的消息。当德国飞机从远处起飞,人们还没有发现时,鹦鹉就已听到微弱的飞机声,并且飞到法军那里报告。

据美国鸟类学家实验证明,鹦鹉除了能模仿讲话、耳朵灵敏外,视觉也很好,不会有色盲。根据这些特点,美国有关部门把经过特殊训练后的鹦鹉,用来为盲人服务。这种鹦鹉,可以根据交通灯的颜色,命令抱着他的盲人停步或向前,同时也可以根据汽车距离盲人的远近,向司机发出警告:"小心,别碰着盲人!"

据说在英格兰还曾举行过鹦鹉说话比赛。比赛的时候,每只鹦鹉只能讲一句话。有一只不起眼的鹦鹉得了第一名,因为当主人把盖在笼子上的布拿开后,这只鹦鹉前后左右望了望,然后惊奇地叫起来:"天啊,这儿为什么有这么多鹦鹉!"

(据《读者》)

1. 阅读任务1:说一说鹦鹉(yīngwǔ)到底是什么鸟呢?

2. 阅读任务2:互相讲讲你们读到的"鹦鹉趣话"。

3. 这篇文章说明了鹦鹉什么特点?两人一起总结出来。

参考词语

1. 鹦鹉	yīngwǔ	(名)	一种会模仿人声的鸟的名称
2. 热带	rèdài	(名)	赤道附近气候很热的地区
3. 弹性	tánxìng	(名)	事物的伸缩性
4. 空袭	kōngxí	(名)	用飞机、导弹等进行袭击

阅读3

《非诚勿扰》吸金力十足 元旦小长假最赚钱

1. 回答问题

(1) 读了以上新闻标题,你们得到了什么信息?

昨晚7点到8点半的黄金时间,万达国际影城、宁波影都、时代电影大世界等宁波热门影院人头攒动,大部分观众都是冲着《非诚勿扰》来的。

(2) 读了以上新闻导语,你们得到了什么信息?

"元旦这3天,《非诚勿扰》太'火'了,每天的票房几乎占了日总票房的一半,元旦平均票房保持在10万元左右。目前《非诚勿扰》在宁波万达的总票房已经超过了160万元,和《集结号》当时的票房差不多。"说到元旦3天的电影票房,万达国际影城的工作人员喜笑颜开,与去年同期相比,今年万达国际影城元旦的票房整整比去年翻了一番。工作人员说,在《赤壁(下)》上映之前,《非诚勿扰》肯定还会继续"火"一段时间。

往年的元旦假期,适合孩子们看的电影少之又少,今年的情况则有所不同。尽管无力与《非诚勿扰》抗衡,但 3D 影片《闪电狗》和《马达加斯加 2》在元旦期间还是收获了不错的票房。万达国际影城的工作人员说,来看这两部电影的主要人群是小朋友,两部电影的元旦日票房在 4 万元左右,比预期中的要好。据了解,《闪电狗》上映以来很快获得了观众的支持与喜爱,独特的立体效果让小朋友们不时大呼小叫。《马达加斯加 2》作为 2009 年开年电影,给孩子们和动画迷们带来了很多喜悦。

2009 年 1 月 7 日下午 2 点,《赤壁(下)》加入春节档的混战,影迷们千万不要错过。

(资料来源:http://news.beelink.com.cn/20090104/2629007.shtml)

2. 选择正确答案

(1) 与去年元旦相比,万达国际影城今年的票房怎么样?

A. 没有什么大变化　　　　B. 比去年的翻一番
C. 几乎是去年的三倍　　　D. 课文没有讲

(2)《非诚勿扰》适合什么人看?

A. 大人　　　　　　　　　B. 小孩
C. 所有人　　　　　　　　D. 课文没有讲

(3) 根据课文内容,以下哪个影院没有提及到:

A. 世界影城　　　　　　　B. 宁波影都
C. 万达国际影城　　　　　D. 时代电影大世界

(4) 根据课文内容,我们可以推测:

A.《非诚勿扰》是一部很好看的关于火灾的电影
B.《非诚勿扰》是元旦假期能看到的最好的电影
C.《闪电狗》和《马达加斯加 2》的观众主要是动画迷
D.《赤壁(下)》上映后,很可能会成为票房第一的电影

(5) 文中提及到的电影有多少部?

A. 三部　　　　　　　　　B. 四部
C. 五部　　　　　　　　　D. 六部

参考词语

1. 吸金力　　xījīnlì　　　　（名）　很会挣钱的东西、人或者事物，例如文中的电影
2. 人头攒动　réntóucuándòng　　　　比喻很多人
3. 抗衡　　　kànghéng　　（动）　相互对抗，不分上下

阅读 4

"无事此静坐"

我外祖父家的房屋都收拾得很清爽，干净明亮。他有几间空房，屋外有几棵梧桐树，屋内是木床、漆桌和藤椅。这是他招待客人的地方。但是他的客人很少，难得有人来。这几间房子是朝北的，夏天很凉快。南墙挂着一条横幅，写着五个大字：无事此静坐。

我很欣赏这五个字的意思。以后，知道这是苏东坡的诗，下面一句是：一日当两日。

事实上，外祖父也很少到这里来。倒是我常常拿了一本闲书，悄悄走进去，坐下来一看就是半天。

静是要经过锻炼的，古人叫做"习静"。"习静"可能是道家的一种功夫，习惯于安静确实是生活于吵闹的尘世中的人不容易做到的。要学会闹中取静，在吵闹的环境中保持平静的心。

大概有十多年了，我养成了静坐的习惯。我家有一对旧沙发，有几十年了。我每天早上泡上一杯茶，点一支烟，坐在沙发里，坐一个多小时。一些故人往事、一些声音、一些颜色、一些语言、一些细节，会逐渐在我的眼前清晰起来，生动起来。这样连续坐几个早晨，想得成熟了，就能下笔写一点东西。我的一些小说散文，常得之于清晨静坐中。曾见齐白石一小幅画，画的是淡蓝色的野藤花，有很多小蜜蜂，有颇长的题记，说是他家的野藤，开花时引来无数蜜蜂，他有个孙子曾被蜂螫过，现在这

229

个孙子也能画这种藤花了,最后两句我记得很清楚:"静思往事,如在目底。"我觉得这是最好的创作心理状态,就是下笔的时候,最好心里很平静。

(据汪曾祺《榆树村杂记》)

1. 用现代汉语翻译
(1) 无事此静坐,一日当两日。
(2) 静思往事,如在目底。

2. 填空
(1) 从散文中看,苏东坡是一个(　　　),齐白石是一个(　　　)。
(2) 最后一段第六行"常得之于清晨静坐中"的"之"是代词,指代(refer)(　　　)?
(3) 这篇散文主要的写作目的是(　　　　　)。

参考词语

1. 道家	dàojiā	(名)	中国古代的一种思想流派,产生于先秦时期
2. 尘世	chénshì	(名)	佛教或道教指的现实世界
3. 故人	gùrén	(名)	老朋友,以前认识的人
4. 往事	wǎngshì	(名)	从前的事情
5. 题记	tíjì	(名)	写在正文前面或中国画上的文字

参考答案

第三十一课

阅读1　(1) 221　(2) 244　(3) 294　(4) 274　(5) 253　(6) 290

阅读2　1. (1) 16世纪　(2) 1869　(3) 1700　(4) 1864　(5) 1851

2. (2)　(4)　(1)　(6)　(5)　(3)　(7)

阅读3　(1) 把手巾往脑门儿一扎　(2) 出门把手巾往下一拉,把耳朵包起来　(3) 把手巾往后脑勺儿轻轻一结　(4) 松开手巾,让它平平地躺在头顶上　(5) 把手巾拧成股,往脑门儿一扎

第三十二课

阅读1　(1) 音乐理发店　(2) 分部理发店　(3) 美国　(4) 几秒钟　(5) 第一段;与众不同

阅读2　1. 失踪

2. (1) A　(2) C　(3) B　(4) B　(5) A　(6) D

3. 第1段

阅读3　1. (1) ×　(2) √　(3) √　(4) ×　(5) ×　(6) ×　(7) √　(8) √

2. (1) 有,最后一段　(2) 美丽、面目全非、烧得很丑、烧得变了形的怪脸

阅读4　(1) 不喜欢　(2) 故意　(3) 考验　(4) 等候　(5) 驾临　(6) 耐性

第三十三课

阅读1　1.

5(吨)	12(种)	60(个小时)	120~140(次)
600(美元)	2000(公里)	2500(公斤)	2700(大卡)
3000(次)	5000(人)	8000(把)	1.3(万个盘子)

2.

国家	统计者	统计的内容	有关数字
		a. 每年清洗餐具的数量 b. 每年搬动和整理的餐具的重量	a. 1.3万个盘子、8000把刀叉、3000次锅 b. 5吨
波兰	妇女委员会	每年购买物品的重量	2500公斤

231

续表

美国		a. 每月干家务活的劳动力价值	a. 600 美元
		b. 每周干家务活的种类	b. 12 种
		c. 每周干家务活的时间	c. 约 60 个小时
意大利	研究人员	每年死在厨房的妇女	5000 人
		a. 家庭主妇一天消耗的热量	a. 2700 大卡
		b. 家庭主妇的脉搏	b. 120～140 次/分钟

3. (1) D (2) C (3) B

阅读 2 1. 他摔倒的时候是正在上山还是正在下山;把蛋糕切开,然后每块咬一口

2. (1) √ (2) × (3) × (4) × (5) √ (6) √

阅读 3 (1) D (2) C (3) D (4) B (5) B (6) C

阅读 4 (1) B (2) A (3) B (4) A (5) B (6) D

第三十四课

阅读 1 1. (1) 83811888 (2) 21.93 (3) 21 号,17 号、24 号和 27 号 (4) 6 天

2. (1) 长途电话 (2) 00852255662464 (3) 18 号 (4) 23′18″;16″ (5) 23 号

阅读 2 2. (1) D (2) B (3) E (4) C (5) A

3. (1) 汉字 (2) 彩色 (3) 科学家 (4) 手脚 (5) 羊毛线

4. (1) D

阅读 3 1. (1) 海口 (2) 务农 (3) 身份证 (4) 不是 (5) 唐山、唐田,唐立

(6) 四叔

2. (1) C (2) A (3) A (4) B

第三十五课

阅读 1 1. (1) 十 (2) 白糖 (3) 王大夫 (4) 八点三十二分 (5) 山西 (6) 今天

2. 没有;中国人的一个很普遍的缺点是马虎

阅读 2 2. (1) B (2) B (3) A (4) D (5) C

阅读 3 (1) A (2) C (3) D

阅读 4 (1) D (2) D

第三十六课

阅读 1 1. 路面和交通工具

2. (1) D (2) D

阅读 2 (1) 中国最北部 (2) 极其寒冷 (3) 取暖、做饭 (4) 干农活的工具

(5) 捕鱼

阅读 3 2. 首先/第一;其次/第二;再次/第三;最后/第四

3. (1) D (2) D (3) D

阅读4　(1) B　(2) D　(3) D　(4) C　(5) C　(6) B

第三十七课

阅读1　2.(1) 闽南话　(2) 以为他们听不懂汉语,趁机占便宜说:"我是你叔叔。"
(3) 很得意,认为占了便宜　(4) 不喜欢,这个称呼有了贬义

阅读2　1.(1) 我的继父是个真正的好父亲　(2) 没有其他工作,每天专门在家里照顾家庭和孩子的母亲;称职

阅读3　3.(1) C　(2) D　(3) C

阅读4　(1) √　(2) ×　(3) √　(4) ×　(5) ×　(6) √

第三十八课

阅读1　(1) 游记撰稿者　(2) 美食品尝　(3) 电视体育节目筛选　(4) 灯塔管理员
(5) 法拉力试车人

阅读2　(1) C　(2) B　(3) D　(4) B　(5) D

阅读3　2.一种技术;一种文化观念;中国古代地理选址与建筑布局的艺术

阅读4　(1) C　(2) D　(3) C　(4) A　(5) B　(6) C

第三十九课

阅读1

相同点	不同点
1. 年纪:年轻	婚姻:一个离婚了,一个丈夫对她很好
2. 身体:得了癌症	孩子:一个被带走了,一个常常去看她
3. 婚姻:已婚	对治疗的态度:一个认真,一个不在乎
4. 孩子:有孩子	头发:一个头发掉得很难看,一个很浓密
5.	结果:一个出院了,一个死了

阅读2　(1) B　(2) D　(3) C　(4) C　(5) C　(6) A

阅读3　(1) C　(2) B　(3) A

阅读4　坐;小偷;口袋;过;可是/美丽;科学家;变的;不过

第四十课

阅读1　(1) B　(2) C　(3) A　(4) C

阅读2　(1) 犹太人　(2) 不愿杀人或被杀　(3) 略　(4) 用来遮着手枪等东西　(5) 当逃兵　(6) 战争仍然强大,个人的生命仍然弱小;在最后一段

阅读3　(1)、(2)、(5)、(7)

阅读4　(1) B　(2) D　(3) A　(4) C　(5) B

第四十一课

阅读2　1.(1) B　(2) D
2."留小羊,留小羊,小羊是我儿",可以理解为"刘晓阳是我儿子",所以说是

"骂";但不是真的骂,只是朋友之间开玩笑。

阅读3　(1) 浙江　(2) 宋　(3) 青瓷　(4)粉青、梅子青　(5) 青、玉　(6) 气泡
　　　　(7) 海外　(8) 技术、经验

阅读4　后来;再后来;根据;时候;没有

第四十二课

阅读1　(1) C　(2) A

阅读2　(1) D　(2) C　(3) D　(4) D

阅读3　(1) B　(2) A

阅读4　1.(1) 小提琴、手风琴　(2) 贝多芬、贾斯帕　(3) 弦、琴弓、C 大调、三和弦、F
　　　　低音、基调　(4) 印度、美国、霍尔洛厄
　　　　2.(1) C　(2) B
　　　　3.(1) 音乐　(2) 一、二段为一部分,三、四段为一部分　(3) 第一部分主要介
　　　　绍了一些音乐知识,第二部分讲了两个与音乐有关的奇怪的故事。

阅读5　(1) C　(2) D　(3) A　(4) D

阅读6　(1) B　(2) A　(3) C　(4) D

阅读7　(1) B　(2) A　(3) C　(4) B　(5) C

第四十三课

阅读1　1.(1) A　(2) D　(3) D
　　　　2. 越来越大;减少
　　　　3. 一天比一天严重/越来越严重

阅读2　1. 布币;刀币;蚁鼻钱;秦半两

阅读3　1.(1) ×　(2) √　(3) ×　(4) ×　(5) √　(6) √
　　　　2. 20 世纪 80 年代初左右

第四十四课

阅读1　(1) C　(2) A　(3) D　(4) C　(5) D

阅读2　(1) C　(2) C　(3) D　(4) D　(5) A

阅读3　1.(1) ×　(2) √　(3) ×　(4) √　(5) ×　(6) √　(7) ×
　　　　2. 桃花、金橘和大丽花,因为和宏图大展、吉利的词语同音。

第四十五课

阅读1　2.(1) D　(2) A　(3) D　(4) A

阅读2　1. fandigang;monage;naolu;tuwalu;shengmalinuo

2.

	面积(平方公里)	人口(人)	位置	气候类型	年均气温	降雨量(毫米)
梵蒂冈	0.44	830	意大利罗马西北			
摩纳哥	1.96	35657	法国南面	亚热带地中海	16℃	500～600
瑙鲁	21	13005	西太平洋赤道以南	热带雨林	25～35℃	2000以上
图瓦卢	26	11000	南太平洋	热带海洋	29℃	
圣马力诺	61.2	28117	意大利里米尼市	亚热带地中海	16℃	880

3.（1）2个；瑙鲁是一个椭圆形珊瑚岛,图瓦卢由九个珊瑚群岛组成 （2）图瓦卢 （3）亚热带地中海型气候

阅读3 1.（1）广州的美容院；"净"；"静" （2）小镇美容店；"嘈"；"杂" （3）七

2.（1）一气呵成 （2）车水马龙 （3）一尘不染

第四十六课

阅读1 （1）B （2）D （3）C （4）B

阅读2 （1）B （2）A （3）C （4）C

阅读3 1.（1）不是 （2）读书 （3）结婚了,有孩子了 （4）先生不爱外出,孩子很小 （5）逛街 （6）四次 （7）方向感特别差,容易发昏

2.（1）广州市 （2）不可以 （3）购物、吃东西 （4）牛杂店、双皮奶店、服装店等；分别是餐厅和商店 （5）地铁 （6）人多

第四十七课

阅读1 （1）D （2）A （3）A （4）D

阅读2 1.战场；战斗；阵容；火药；武装；战胜；临战；攻击；败下阵来；好战；武器

2.（1）他们的对话火药味儿越来越浓。 （2）毕业生进入了临战状态。 （3）中国队在昨天的比赛中又败下阵来。 （4）中国队这次派出了强大的阵容。 （5）我们要用科学思想武装自己的头脑。 （6）情场就是战场。

3.（1）A、B （2）B

阅读3 2.（1）√ （2）× （3）√ （4）× （5）√ （6）√

阅读4 （1）A （2）B （3）C （4）D （5）A （6）B （7）D （8）C

第四十八课

阅读1 （1）自净玻璃 （2）不碎玻璃 （3）反热玻璃 （4）天线玻璃 （5）隔音玻璃

阅读2 1.（1）A （2）C

2.

时间	做广告的人	广告形式	广告内容
公元前3000年	巴比伦人	土板	油膏商人、抄写员和鞋匠
公元前3000年	古埃及人	莎纸草纸	
	古希腊人	唱歌	美酒、香料和金属
1100年	法国	吹号角	美酒
1525年	德国人	印刷品	药品
1625年	英国人	报纸	

阅读3 （1）A （2）B （3）B （4）D （5）B （6）C （7）C

阅读4 （1）黄昏时 （2）秋天 （3）黄昏 （4）冬天 （5）顶部 （6）没有

第四十九课

阅读1 （1）康辉旅行社；66186833、66189531－3242；太和旅行社 （2）周日；3750元；65928328、65928329、65068833－3402、68315927、68325651 （3）太和旅行社；6175元 （4）66180302、66189533、66188631－3241，10800元；20号

阅读2 3.（1）A （2）D （3）D （4）C （5）D （6）C

阅读3 1.扩散了；最适合开窗换气；不应该开窗换气

2.（1）D （2）B （3）C （4）B

阅读4 1.（1）A （2）C （3）D

2.与大陆类似，但更传统。

阅读5 1.第1段写作者的所见所闻；第2、3段写他为什么给妻子写信，两人很亲密幸福

2.介绍，表达感情

3.事实：(1)(2) 意见：(3)(4)

第五十课

阅读1 2.（1）A （2）C （3）D （4）A

阅读2 2.（1）D （2）B （3）C （4）D

阅读3 （1）B （2）D （3）D （4）A （5）D （6）D （7）D

第五十一课

阅读1 （1）昆明/西双版纳/缅甸/石林/大理 （2）62049968、62054353；2360元 （3）王府国际旅行社；9 （4）协力国际旅行社；4月6日 （5）协力国际旅行社；65270232、65272131、65277214 （6）海南环岛；海淀区花园路15号院办公

楼二层王府国旅二部

阅读2　(1) B　(2) C　(3) D　(4) A

阅读3　1.(1)谦虚　(2)谨慎　(3)冷静　(4)不幸　(5)认真　(6)清醒

3. 5,3,4,1,2,6

4.(1)不要进　(2)所有事情都像希望的那样　(3)别人说的话很可怕　(4)信就有,不信就没有　(5)总是在练习打拳

第五十二课

阅读1　4.(1) C/D　(2) C　(3) C

阅读2　(1) A　(2) C　(3) A　(4) D　(5) A　(6) D

阅读3　(1) ×　(2) √　(3) √　(4) ×　(5) ×

第五十三课

阅读1　(1) C　(2) D　(3) A

阅读2　4.(1) ×　(2) √　(3) ×　(4) √　(5) ×　(6) ×

5. 第一部分谈书本的传记,第二部分谈到电影人物传记。

阅读3　1.(1)中国出口商品交易会　(2)展览馆;参加展览　(3)历史最长、层次最高、规模最大、商品种类最齐全、到会客商最多、成交效果最好　(4)展出规模、参展主体、到会客商、成交数额、商品种类　(5)做　(6) 2004年

第五十四课

阅读1　1.(1) D　(2) C　(3) B　(4) A　(5) D　(6) B

阅读2　1.(1)夫妻　(2)显示小波写诗的才能　(3)他身上的诗意　(4)《绿毛水怪》是我和小波的媒人

2. 路灯→月亮/蒲公英;灯光→河流;灯光下→水底

阅读3　(1) C　(2) A　(3) D　(4) B

阅读4　(1) C　(2) A　(3) D　(4) D　(5) B　(6) C　(7) D　(8) A

第五十五课

阅读1　1. 检查飞机;送食品饮料;警告乘客不要抽烟;防止乘客去洗手间

2.(1) C　(2) C

阅读2　2.(1)不顾现实地把男人的梦想放进去　(2)符合现实逻辑　(3)成功　(4)导致007系列的死亡

阅读3　一方面;如果/要是;为了;更多;同样/一样

第五十六课

阅读1　(1) C　(2) C　(3) B　(4) B

阅读2　2.(1)四个;女护士哈纳、工兵基普,他们相爱;探险家和地理学家奥尔马希、凯瑟琳,情人。　(2)两个;奥尔马希　(3)翁达杰,作家出版社

3.(1)第二次世界大战时,意大利北部山区　(2)沙漠　(3)为了回到情人身

边　(4) 美国在日本投下了原子弹　(5) 充满美感、神秘和狂热　(6) 两个

阅读3　1. (1) √　(2) √　(3) ×　(4) √　(5) ×

阅读4　(1) B　(2) C　(3) A　(4) B　(5) C

第五十七课

阅读1　(1) 三个因素,原料、厨师和管理　(2) 事实论证

阅读2　(1) D　(2) D　(3) A　(4) D

阅读3　1. 理想的完美的人类乐园

2. 未来;噩梦;无所不能;全面发展

3. (1) √　(2) √　(3) √　(4) ×　(5) √　(6) √

第五十八课

阅读1　1. (1) A　(2) A　(3) D　(4) D

2. (1) 战绩和实力两个方面　(2) 男子篮球;女子排球

阅读2　(1) ×　(2) ×　(3) ×　(4) √　(5) ×　(6) ×　(7) ×

阅读3　1. (1) 每年1月第二个星期一;上一年满20岁的人;举办各种庆祝仪式和活动
(2) 12日,133万人,68万男性,65万女性;创历史新低

2. (1) 一家东京婚姻信息服务公司"Onet"和网络调查公司"乐天调查";2008年12月12日到15日;832名即将于2009年迎来成人仪式的日本男女青年(2) "现在所担心的问题","怎么看以后的工作"(3) "今后的出路"69％,"担心能否就业"56％,"担心自己只能找到非正规的工作"36％

第五十九课

阅读1　2. (1) C　(2) B　(3) D　(4) A

阅读2　2. (1) C　(2) A　(3) B　(4) C　(5) A

3. 花蕊→害羞的姑娘→弯曲嫩白;叶子的响声→情歌→动听;开满花的路→丝绸→美丽得让万物妒忌;满路的落花→地毯→紫荆色

阅读3　(1) D　(2) B

第六十课

阅读1　2. (1) ×　(2) √　(3) ×　(4) √　(5) ×　(6) √

阅读3　2. (1) B　(2) D　(3) A　(4) D　(5) D

阅读4　1. (1) 没有事情的时候在这里安静地坐着,一天当成两天。　(2) 安静地想着以前的事情,好像就在眼前。

2. (1) 诗人;画家　(2) 小说散文　(3) 说明道理

词汇总表

A

| 按钮 | ànniǔ | （名） | 56 |

B

拔	bá	（动）	41
半球	bànqiú	（名）	34
抱怨	bàoyuàn	（动）	60
被捕	bèibǔ	（动）	56
本领	běnlǐng	（名）	41
便衣	biànyī	（名）	40
表妹	biǎomèi	（名）	38
屏息	bǐngxī	（动）	52
不能自拔	bùnéngzìbá		36
不祥	bùxiáng	（形）	52
不知就里	bùzhījiùlǐ		37

C

操纵	cāozòng	（动）	52
蹭	cèng	（动）	47
拆除	chāichú	（动）	36
颤动	chàndòng	（动）	59
怅惘	chàngwǎng	（形）	52
钞票	chāopiào	（名）	43
超自然	chāo zìrán		32
嘲笑	cháoxiào	（动）	31
尘世	chénshì	（名）	60
成交	chéngjiāo	（名）	53
承包	chéngbāo	（动）	46
池塘	chítáng	（名）	54
赤裸	chìluǒ	（动、形）	53
充实	chōngshí	（形）	54

出乱子	chū luànzi		38
雏形	chúxíng	（名）	48
传染	chuánrǎn	（动）	58
创办	chuàngbàn	（动）	53
瓷窑	cíyáo	（名）	41
从速	cóngsù	（副）	51
翠玉	cuìyù	（名）	41

D

打动	dǎdòng	（动）	54
打理	dǎlǐ	（动）	44
大人物	dàrénwù	（名）	42
代办	dàibàn	（动）	51
单纯	dānchún	（形）	52
蛋白质	dànbáizhì	（名）	51
道家	dàojiā	（名）	60
地形	dìxíng	（名）	35
颠覆	diānfù	（动）	55
典雅	diǎnyǎ	（形）	33
电源	diànyuán	（名）	56
刁钻	diāozuān	（形）	41
跌跌撞撞	diēdiēzhuàngzhuàng	（形）	52
定位	dìngwèi	（动）	46
锭	dìng	（名）	43
肚脐	dùqí	（名）	59
妒忌	dùjì	（动）	59
断流	duànliú	（动）	43
躲避	duǒbì	（动）	59
躲藏	duǒcáng	（动）	40

E

| 恶化 | èhuà | （动） | 43 |
| 二氧化碳 | èryǎnghuàtàn | （名） | 50 |

F

发昏	fāhūn	（动）	46
发脾气	fā píqi		50
法官	fǎguān	（名）	37
法庭	fǎtíng	（名）	37
烦恼	fánnǎo	（名）	44
反驳	fǎnbó	（动）	53
反感	fǎngǎn	（动）	53
反射	fǎnshè	（动）	56
犯人	fànrén	（名）	39
仿佛	fǎngfú	（副）	46
仿效	fǎngxiào	（动）	44
肺炎	fèiyán	（名）	58
分泌	fēnmì	（动）	44
坟墓	fénmù	（名）	48
浮浅	fúqiǎn	（形）	59
符号	fúhào	（名）	52
抚摩	fǔmó	（动）	45
辅导员	fǔdǎoyuán	（名）	46
付出	fùchū	（动）	37
负面	fùmiàn	（形）	49
负重	fùzhòng	（动）	50

G

甘心	gānxīn	（形）	50
感染	gǎnrǎn	（动）	44
绀	gàn	（形）	58
隔绝	géjué	（动）	41
工兵	gōngbīng	（名）	56
弓	gōng	（名）	42
公交	gōngjiāo	（名）	60
公务员	gōngwùyuán	（名）	54
固体	gùtǐ	（名）	46
故人	gùrén	（名）	60
观念	guānniàn	（名）	38
规劝	guīquàn	（动）	57
轨道	guǐdào	（名）	36
鬼使神差	guǐshǐ-shénchāi		54
国学	guóxué	（名）	52
果断	guǒduàn	（形）	47
过渡	guòdù	（动）	46

H

害羞	hàixiū	（形）	59
号角	hàojiǎo	（名）	48
好战	hàozhàn	（形）	47
和弦	héxián	（名）	42
痕迹	hénjì	（名）	56
后脑勺	hòunǎosháo	（名）	31
花卉	huāhuì	（名）	44
化疗	huàliáo	（名）	39
还原	huányuán	（动）	55
黄发垂髫	huángfàchuítiáo		52
绘制	huìzhì	（动）	35
活泼	huópō	（形）	50

J

机舱	jīcāng	（名）	55
机体	jītǐ	（名）	54
机智	jīzhì	（形）	41
激光	jīguāng	（名）	56
激怒	jīnù	（动）	41
脊椎	jǐzhuī	（名）	50
计算器	jìsuànqì	（名）	40
寂寞	jìmò	（形）	59
家务	jiāwù	（名）	33
家喻户晓	jiāyù-hùxiǎo		53
假…之名	jiǎ...zhīmíng		55
价值	jiàzhí	（名）	33
价值连城	jiàzhíliánchéng		43
监视	jiānshì	（动）	43
检测	jiǎncè	（动）	45
简洁	jiǎnjié	（形）	33
讲究	jiǎngjiu	（形）	33
交锋	jiāofēng	（动）	58
交响乐	jiāoxiǎngyuè	（名）	36
浇	jiāo	（动）	59

骄子	jiāozǐ	（名）	51
胶水	jiāoshuǐ	（名）	46
教养	jiàoyǎng	（名）	45
节制	jiézhì	（动）	36
节奏	jiézòu	（名）	44
杰出	jiéchū	（形）	41
界线	jièxiàn	（名）	49
借据	jièjù	（名）	40
金融	jīnróng	（名）	40
尽力而为	jìnlì'érwéi	（动）	49
禁忌	jìnjì	（名）	48
经典	jīngdiǎn	（形）	55
境界	jìngjiè	（名）	59
迥异	jiǒngyì	（形）	60
纠缠	jiūchán	（动）	55
就业	jiùyè	（动）	58
沮丧	jǔsàng	（形）	43
绝迹	juéjì	（动）	50
倔犟	juéjiàng	（形）	43

K

开发	kāifā	（动）	43
开启	kāiqǐ	（动）	56
揩油	kāiyóu	（动）	37
刊登	kāndēng	（动）	32
康复	kāngfù	（动）	58
抗衡	kànghéng	（动）	60
抗议	kàngyì	（动）	39
考证	kǎozhèng	（动）	48
空袭	kōngxí	（名）	60
空中小姐	kōngzhōng xiǎojiě		55
枯竭	kūjié	（形）	59
苦恼	kǔnǎo	（形）	48
苦于	kǔyú		57
夸张	kuāzhāng	（形）	51
狂热	kuángrè	（形）	43
扩散	kuòsàn	（动）	49

L

冷盘	lěngpán	（名）	31
愣	lèng	（形）	41
礼仪	lǐyí	（名）	60
理疗	lǐliáo	（名）	44
理论	lǐlùn	（动）	50
立正	lìzhèng	（动）	51
隶属	lìshǔ	（动）	51
良师益友	liángshī-yìyǒu		46
凉棚	liángpéng	（名）	31
潦草	liáocǎo	（形）	43
烈	liè	（形）	59
裂帛	liè bó		52
灵感	línggǎn	（名）	50
灵敏	língmǐn	（形）	42
流通	liútōng	（动）	40
流域	liúyù	（名）	43
卤肉	lǔròu	（名）	57
掠夺	lüèduó	（动）	43

M

埋伏	máifú	（动）	41
卖点	màidiǎn	（名）	49
脉搏	màibó	（名）	33
满不在乎	mǎnbúzàihu		39
毛茸茸	máoróngróng	（形）	31
茂密	màomì	（形）	43
媒人	méiren	（名）	54
美容	měiróng	（动）	45
魅力	mèilì	（名）	48
迷信	míxìn	（名）	38
蜜饯	mìjiàn	（名）	31
免费	miǎnfèi	（动）	32
勉强	miǎnqiǎng	（形）	41
腼腆	miǎntiǎn	（形）	46
面目全非	miànmùquánfēi		32
面值	miànzhí	（名）	43
灭亡	mièwáng	（动）	47

241

闽粤	Mǐn-Yuè		49
名分	míngfèn	(名)	57
名副其实	míngfùqíshí		51
明媚	míngmèi	(形)	32
命运	mìngyùn	(名)	37
木材	mùcái	(名)	33
木料	mùliào	(名)	33

N

脑门	nǎomén	(名)	31
内涵	nèihán	(名)	38
能量	néngliàng	(名)	34
逆	nì	(形)	49
娘家	niángjia	(名)	42
拧成(一)股	níngchéng (yì) gǔ		31
凝结	níngjié	(动)	31
牛	niú	(形)	49
浓密	nóngmì	(形)	39
挪	nuó	(动)	46

P

排队	páiduì	(动)	57
排泄物	páixièwù	(名)	58
泡沫	pàomò	(名)	31
配合	pèihé	(动)	33
烹调	pēngtiáo	(动)	31
脾气	píqi	(名)	51
屁股	pìgu	(名)	46
偏	piān	(形)	35
偏执	piānzhí	(形)	52
拼命	pīnmìng	(副)	59
频繁	pínfán	(形)	41
频率	pínlǜ	(名)	44
泼冷水	pō lěngshuǐ		49
迫不及待	pòbùjídài		49
铺设	pūshè	(动)	36
仆人	púrén	(名)	35
蒲公英	púgōngyīng	(名)	54

Q

七窍	qīqiào	(名)	59
欺负	qīfu	(动)	41
奇特	qítè	(形)	41
奇装异服	qízhuāng-yìfú		55
起源	qǐyuán	(动)	38
气质	qìzhì	(名)	55
契合	qìhé	(动)	57
前景	qiánjǐng	(名)	46
勤俭持家	qínjiǎnchíjiā		46
轻浮	qīngfú	(形)	55
倾诉	qīngsù	(动)	59
清真	qīngzhēn	(名)	52
情场	qíngchǎng	(名)	47
情窦初开	qíngdòuchūkāi		54
情形	qíngxing	(名)	36
取决于	qǔjuéyú		60
权利	quánlì	(名)	53
全职	quánzhí	(形)	37
蜷缩	quánsuō	(动)	41

R

热带	rèdài	(名)	60
热量	rèliàng	(名)	33
人头攒动	réntóucuándòng		60
人性	rénxìng	(名)	40
忍心	rěnxīn	(动)	39
日益	rìyì	(副)	43
容貌	róngmào	(名)	32
如意	rúyì	(形)	51

S

丧葬	sāngzàng	(名)	49
扫视	sǎoshì	(动)	37
莎纸草	shāzhǐcǎo	(名)	48
善意	shànyì	(名)	31
上风	shàngfēng	(名)	58
设防	shèfáng	(动)	48

词汇总表

设施	shèshī	（名）	50
设置	shèzhì	（动）	56
摄像	shèxiàng	（动）	43
伸手可及	shēnshǒukějí		44
身份证	shēnfènzhèng	（名）	34
神情	shénqíng	（名）	43
慎重	shènzhòng	（形）	35
生存	shēngcún	（动）	41
生命体征	shēngmìng tǐzhēng		58
诗意	shīyì	（名）	54
食谱	shípǔ	（名）	39
使唤	shǐhuan	（动）	48
势如破竹	shìrúpòzhú		59
释放	shìfàng	（动）	32
收购	shōugòu	（动）	34
手巾	shǒujīn	（名）	31
手纸	shǒuzhǐ	（名）	43
兽医	shòuyī	（名）	35
输入	shūrù	（动）	37
树丛	shùcóng	（名）	37
数额	shù'é	（名）	53
衰退	shuāituì	（动）	54
爽	shuǎng	（形）	37
水泄不通	shuǐxièbùtōng		44
顺口溜	shùnkǒuliū	（名）	36
素材	sùcái	（名）	60

T

弹性	tánxìng	（名）	60
坦白	tǎnbái	（形）	51
逃兵	táobīng	（名）	40
陶醉	táozuì	（动）	59
题记	tíjì	（名）	60
体贴	tǐtiē	（动）	47
天分	tiānfèn	（名）	54
天花板	tiānhuābǎn	（名）	36
天然	tiānrán	（形）	57
天性	tiānxìng	（名）	48
调节	tiáojié	（动）	44
调适	tiáoshì	（动）	46

跳槽	tiàocáo	（动）	41
投靠	tóukào	（动）	56
秃	tū	（形）	43
突发奇想	tūfāqíxiǎng		46
涂鸦	túyā	（动）	56
土话	tǔhuà	（名）	47
土生土长	tǔshēng-tǔzhǎng		36
推迟	tuīchí	（动）	45
推荐	tuījiàn	（动）	47
推销	tuīxiāo	（动）	48
吞	tūn	（动）	54
拖鞋	tuōxié	（名）	50

W

外观	wàiguān	（名）	47
剜肉补疮	wānròu-bǔchuāng		50
完善	wánshàn	（形）	35
往事	wǎngshì	（名）	60
威胁	wēixié	（动）	50
为难	wéinán	（动）	39
委员会	wěiyuánhuì	（名）	33
畏	wèi	（动）	51
畏寒	wèihán		58
温柔	wēnróu	（形）	59
文献	wénxiàn	（名）	32
无所顾忌	wúsuǒgùjì		44

X

吸金力	xījīnlì	（名）	60
牺牲	xīshēng	（动）	57
峡谷	xiágǔ	（名）	35
先例	xiānlì	（名）	55
弦	xián	（名）	42
现金	xiànjīn	（名）	40
陷落	xiànluò	（动）	46
香喷喷	xiāngpēnpēn	（形）	57
小节	xiǎojié	（名）	47
小巧玲珑	xiǎoqiǎolínglóng		43
写照	xiězhào	（动）	44

243

心理	xīnlǐ	（名）	34		鱼贯出入	yúguànchūrù		35
新潮	xīncháo	（形）	46		玉	yù	（名）	41
新陈代谢	xīnchéndàixiè		54		预兆	yùzhào	（名）	52
幸免	xìngmiǎn	（动）	50		源	yuán	（名）	49
虚荣	xūróng	（名）	49		远见	yuǎnjiàn	（名）	57
墟日	xūrì	（名）	35					
宣传	xuānchuán	（动）	39		**Z**			
悬	xuán	（动）	43		责备	zébèi	（动）	57
悬念	xuánniàn	（名）	58		扎	zhā	（动）	41
雪糕	xuěgāo	（名）	31		眨	zhǎ	（动）	42
循环	xúnhuán	（名、动）	39		占优势	zhàn yōushì		58
					栈	zhàn	（名）	52
Y					张灯结彩	zhāngdēng-jiécǎi		44
咽	yān	（名）	59		长势	zhǎngshì	（名）	34
延续	yánxù	（动）	45		障碍	zhàng'ài	（名）	36
秧苗	yāngmiáo	（名）	34		着火	zháohuǒ	（动）	38
妖精	yāojing	（名）	44		召集	zhàojí	（动）	37
遥控器	yáokòngqì	（名）	56		珍贵	zhēnguì	（形）	43
一无所获	yīwúsuǒhuò		32		阵容	zhènróng	（名）	47
仪式	yíshì	（名）	58		挣扎	zhēngzhá	（动）	43
遗传	yíchuán	（名）	40		支撑	zhīchēng	（动）	36
遗作	yízuò	（名）	39		知觉	zhījué	（名）	48
义务	yìwù	（名）	57		直截了当	zhíjiéliǎodàng		48
意识	yìshi	（名）	60		植被	zhíbèi	（名）	43
引擎	yǐnqíng	（名）	36		秩序	zhìxù	（名）	57
隐私	yǐnsī	（名）	53		终极	zhōngjí	（副）	55
隐喻	yǐnyù	（名）	47		中枪	zhòng qiāng		55
鹦鹉	yīngwǔ	（名）	60		众目睽睽	zhòngmùkuíkuí		37
荧光屏	yíngguāngpíng	（名）	37		驻扎	zhùzhā	（动）	35
影影绰绰	yǐngyǐngchuòchuò	（形）	54		柱子	zhùzi	（名）	36
应战	yìngzhàn	（动）	59		传记	zhuànjì	（名）	53
幽默	yōumò	（形）	50		准	zhǔn	（形）	35
有机	yǒujī	（形）	50		走红	zǒuhóng	（动）	55
有惊无险	yǒujīng-wúxiǎn		52		阻碍	zǔ'ài	（名）	44
幼稚	yòuzhì	（形）	54		尊意	zūn yì		51
釉	yòu	（名）	41		坐班	zuòbān	（动）	41
余晖	yúhuī	（名）	48		作息	zuòxī	（名）	36

修订后记

本书从1999年初版至今,已经整整10年了。在北京大学出版社的大力推动和全力支持下,我们终于完成了这次较大规模的修订。

本书保留了原来的整体架构以及大部分的阅读语篇:周小兵负责总体设计、全书的统阅修正及Ⅱ册44～47课、50～55课、58、59课的编写;张世涛协助总体设计及Ⅰ册1～15课的编写;Ⅰ册16～30课由刘若云编写;Ⅱ册31～43课、48～49课、56、57、60课由徐霄鹰编写。

在此基础上,本次修订增加了技能部分的热身活动,大幅改写了技能讲解,并对技能练习进行了补充;替换了近40%的阅读语篇,并修订了一些阅读语篇后的练习题题干和选项。

本次修订的总体设计由丛书总主编周小兵教授负责;徐霄鹰负责技能讲解、练习的修改和增补,热身活动的总体设计以及全书的统阅;刘若云负责设计部分课文的热身活动;张丽、褟文辉和刘娅莉负责选择新语料并将其处理为阅读篇章,还包括部分课文的热身活动设计。

另外,图书室资料员刘亚甜负责与所选文章作者的联系工作;彭绮文、施爱东、李红雨、颜湘茹、孙朝阳等作者为我们提供其作品作为语料。

北京大学的胡双宝老师在百忙中抽出时间审阅我们的修订稿,并提出了宝贵的意见;北京大学出版社吕幼筠老师对本书的修订给予了直接的帮助。在此,我们表示衷心的感谢。

联系方式:xuxiaoying69@hotmail.com

在此竭诚欢迎来自各地的交流和信息反馈。

编　者
2009年11月

声 明

对于本教材所使用的受著作权保护的材料,尽管本社已经尽了合理的努力去获得使用许可,但由于缺少某些著作权人的具体联系方式,仍有个别材料未能获得著作权人的许可。为满足课堂教学之急需,我们在个别材料未获得许可的情况下出版了本教材,并按照国家相关标准将稿酬先行列支。对此我们深表歉意,并请各位著作权人在看到本教材及本声明后尽快与我们联系,我们将立即奉上稿酬及样书。

联系人:吕幼筠
邮箱:lvyoujun99@yahoo.com.cn
地址:北京市海淀区成府路205号北京大学汉语编辑部
邮编:100871
电话:010—62752028